モテる人の恋愛科学

戀愛就該耍心機，
一本學會撩動異性
的技巧，
擁有情場無往不利
的武器！

戀愛無雙的技巧大全

HIROTO 著
KURI 譯

晨星出版

前言

給常覺得「戀愛總是不順遂」的你

在我的TikTok和YouTube頻道中，常出現這樣的留言：

「雖然想讓意中人注意到我，但更不想反被討厭，也沒有勇氣開口……」

「喜歡的人似乎喜歡著別人……」

「好痛苦，對方的一切一整天都在腦袋裡揮之不去……」

像上述這種既敏感、又容易受傷、談戀愛始終缺乏安全感的人，常常找我諮詢，因此我十分了解這種苦惱，也非常感同身受。

但是，「正因為會感到痛苦才算是真正的戀愛」，這種說法我並不同意。

說起來，戀愛對每個人而言，一定是「非做不可」的事嗎？

戀愛對我來說，像是一種**讓人生更豐富、如同調味香料般的存在**，「不談戀愛，生活也能開心精彩，但若能來場戀愛，人生肯定更加有滋有味」。

你的周遭應該也常常有人會嚷嚷著：「不談戀愛的人生好無趣」、「會痛苦才算是真正愛過」不過，你是否注意到，就算身旁沒有戀人，一樣能看著搞笑影片還笑得比誰都大聲，不吃東西可能維持不了生命，但不談戀愛並不會死。

若能這樣想，**愛情這種東西就應該是「快樂泉源」**，那麼，為何想讓戀愛持續狂冒粉紅泡泡會那麼難呢？

在我接受過許多人的諮詢後，發現戀愛不順利的人擁有許多共通點。

本書構成共分為8大章節，**從對方並不了解自己的階段開始，一直到能活用戀愛心理學及擄獲對方內心的ＬＩＮＥ好感對話術，以及用來縮短彼此距離並讓意中人喜歡上你的成功戀愛技巧，都將逐一為你解說。**

往前踏一步，實踐本書介紹的戀愛心理術，並吸收、改變自己的思考後，**就能從目前讓你感到痛苦的戀情中解脫，也一定能談一場開心、讓你更受歡迎的戀愛！**

曾被現任妻子給甩了，讓我開始鑽研待人技巧及戀愛心理學

不過，你們可能對我會有「這人明明就還很年輕，為什麼那麼敢對戀愛發表高見，他是情場老手嗎？」的質疑。

其實，我在20歲時就與比我年長的女性結婚了，**目前是婚姻邁入第2年的22**

歲已婚人士。

但是，和我太太的戀愛過程其實非常不順，當時的我「完全沒有身為成熟大人的自覺」，在剛交往的第一個月就被狠狠地給甩了，現在回想起來，總之就是對於對方的想法、心思都是束手無策的狀態，會被分手也是理所當然的。

然而，當時的我深感懊悔，於是懇求太太「再給我三個月的時間」，決心「成為好男人，讓她回頭！」，我開始實際行動，向約莫3百人左右的經營者學習、吸收身為成熟大人應有的知識及想法，最後迎來了能與妻子復合並步入婚姻的圓滿結局。

順帶一提，PART 8介紹的「12類型攻略法」，是我根據經驗歸納撰寫的原創技巧，請一定要活用看看！

之後，我意外地開設了TiktokT和YouTube頻道，思考著要拍攝上傳哪一類的影片時，浮現在我腦海的便是與戀愛心理學有關的主題。

細節待於本文詳述，主要想表達的是，在我與許多經營者接觸的過程中，發現即使是運用相同方法想衝進某人懷抱，**也會因為對方不同反應而有完全相異的結果，像這樣因人而異的相處方式可說是戀愛的有趣之處吧**，這讓我浮現了想要認真學習各種戀愛心理學及溝通技巧的想法。

本書除了闡述我自身的經驗，也包含了來自Tiktok、YouTube、IG等平台追蹤我的粉絲們，其有關戀愛的真實心聲和煩惱諮詢，相關精華都濃縮在內容中了。

懷著期盼大家能從此不再為戀愛所苦的想望，為讀者們呈上本書。

HIROTO

戀愛無雙的技巧大全 目次

PART 3

能最迅速提高好感度的交流技巧

PART 4 能和喜歡的人拉近內心距離的LINE技巧

PART 5
要成為對方心中的「特別之人」，還有一項最推薦的心理技巧

PART 6
注入勇氣，讓對方按照你的想法行動的腦科學約會術

PART 7 教你看穿自己有無機會並成功「告白」的方法

PART 8

成功俘虜對方！12種不同類型的攻略法

日文版staff

編輯協力／伊藤彩子
書籍設計／喜來詩織（entotsu）
裝幀・內文插圖／南れーな
校對／あかえんぴつ
DTP／エヴリ・シンク
編輯／尾小山友香

PART

1

戀愛不順利的原因

戀愛始終不順的原因為何？

想要開心且兩情相悅地談場戀愛，而非沒頭沒腦地暴走或持續為愛所苦的話，首先務必要了解的就是戀愛始終不順的原因。

在這一章節，我會舉出「常有的5種戀愛煩惱」，運用戀愛心理學理論為大家解說「你歷來的戀愛總不順遂之因」。

第5名　「不清楚要怎麼邀約對方會比較好」

你若驚呼：「這種煩惱我也有！」可以先試著回想自己是否曾計畫邀過朋友聚餐、出遊。

曾「有過」這種經驗的人，一定會先被喜歡對方的想法困住，使得想要不經意地出口邀約變得困難重重。後面章節介紹的「沒有向對方搭話的勇氣」、「害怕告白後會破壞目前的友好關係」與此狀況相同，請一定要參考看看。

「沒有或少有」這種經驗的人雖然受邀時也會赴約，自己卻不主動約人，由

於通常只會配合他人的計畫，因此，對於要怎麼發出讓對方欣然接受的邀請、去哪兒約會才能度過愉快的時光，常常感到很煩惱。

像這樣**「戀愛總是不順的原因」常常是來自於戀愛本身以外的事物。談戀愛就像是一般人際關係的延伸，若自身不擅長約朋友出遊，突然想要約心儀對象時同樣做不到。**

因此，一定要好好發展平時的人際關係。

第4名　「我有兩個同時喜歡的人，不知道該怎麼做才好」

我先來為大家說明如同左述這種很具體的煩惱。

「我同時喜歡上兩個人，一位是其他班的同學、另一位是打工認識的朋友，這兩個人我都很少和他們聊天，該怎麼做才好呢？」

（專門學校2年級／女性）

這乍看是很常見的問題，但其實**稱不上是太大的煩惱，正確地說，「要說**

是煩惱還真是言之過早」了呢！

若這兩人都來接近自己，自己也無法做出選擇時才能稱作是煩惱啊，目前的狀況是你單方面喜歡他們，但這兩位男生除了你之外，還有很多其他機會。

遇到此種狀況時，建議先開始找機會接近他們，倘若落花有意流水無情，理所當然沒有交往的可能，若一旦其中有一人喜歡上你時就別猶疑，和他交往看看，光是戀愛本身就夠心煩的了，不需要特地自尋煩惱。

第3名　「沒有向對方搭話的勇氣」

誰都有過「拿不出勇氣，目前的關係無法更進一步」的煩惱吧，當向心儀對象搭話，卻被冷回應，很難再振作起來的心情應該多數人都懂。

讓我來為大家釐清吧，你不敢上前搭話的原因是由於「**風險誤認**」，你只擔心搭話失敗的風險，但其實不搭話，同樣存在著不會被對方列入考慮交往名單、關係也無法更進一步等風險。

順便提及，曾有某個實驗提出**在認識後的3個月內不告白的話，告白成功率就會大幅降低**的數據。

也就是說，你認為自己選擇了至今為止不會失敗的道路，同時也在告訴你往後的道路無法百分之百順利。

向心儀對象搭話雖然令人緊張，但為了不讓更棘手的情況發生，不要鑽牛角尖地想著「一定會失敗還是放棄好了」，應該懷抱破釜沉舟的決心鬥志。

第2名 「在心儀對象面前總是很扭捏」

在喜歡的人面前，不知不覺變得很多話、或是常忍不住催促對方回覆訊息，甚至擔心過度冷淡會讓對方感到不安的狀況，大家一定都有過吧。

這是**因為當自身受到感情影響，就會做出和平時的自己不同的行動。**

原因會於PART 2詳細地解說，不過，**腦科學實驗已證實「在喜歡的人面前難以冷靜，也無法做出正確判斷」。**我們通常會對心儀對象懷抱著「不想被討厭」、「想被喜歡」、「希望讓他覺得在一起很開心」、「雖然喜歡但不想被發現」等戀慕心思，會有奇怪的行為舉止也很理所當然。

喜歡上對方是好事，但這種心思應該藏好，表現在外的言詞和態度要根據與對方的關係來調整才是正確的。

只是，這很難做到，能夠完美區分情感和理性的只有被稱為「病態人格」（Psycopath）的特殊族群。

當然在這本書中，會提供即使不是病態人格者也能很好地控制自己情感，在喜歡的人面前舉止自然的方法，還請放心。

第1名 「對方有喜歡的人」

果然，這是最痛苦的。很多向我諮詢的人也常提到「當知道對方有喜歡的人時，像是被狠狠毆打了一拳的感覺」、「每次聽到對方開心地談論自己喜歡的人時，都會覺得很難受」。

在此，我有想讓大家進一步思考的事。

我經常在網路上發起問卷調查：**「你現在有喜歡的人嗎？」當我瀏覽問卷統計結果時，發現無論哪個調查中都會有8成左右的人回答：「有。」**也就是說，**喜歡的人有意中人的比例是很高的，但戀愛仍然能在此前提下萌芽，這完全不是什麼特別的事。**

首先，好好正視這個事實吧，多數情侶的幸福故事大多也是從對方有喜歡的人開始的。

戀情無法開花結果的原因有99%來自「庸人自擾」

聽了大家的煩惱，發現我幾乎都曾經歷過。比如說，「對方有喜歡的人」這種乍看像是來自外部因素的煩惱，其實對戀愛經驗豐富的人來說，他們會認為「有意中人本就十分理所當然」，該做的是耐心等待機會。

但越是敏感、容易受傷、戀愛進展不順利的人，越會考量到「對方有喜歡的人，還是算了」，然後放棄。

沒錯，戀愛會不順利有99%是因為「庸人自擾」。不被對方喜歡、告白也被拒絕的原因都可歸咎於自身因素。

反之，這也是件十分幸運的事。若關鍵是取決於對方的話，戀愛能不能成功就靠運氣了，但是如果來自於你自身原因，那能努力的事情可多了。

即便用上了所有高超戀愛技巧卻仍失敗的原因為？

「總之，意思是別再自斷退路就可以了吧？那麼，請快點告訴我可以讓對方喜歡上我的技巧吧！」

也許有人會開口這麼要求，但若再嚴厲一點檢視，**「只要用點受歡迎技巧就能解決了吧」的這種想法本身，就是戀愛不順利的原因之一**。

比如，在「不會被拒絕的約會邀請法」中，常見使用「雙重束縛」（Double bind）的心理誘導技巧：

①「要不要去看電影呢？」

②「如果去看電影的話，A和B你想看哪一部？」

①的情況下，對方若說「不去」差不多是沒戲唱了，但如果是可以用YES或NO回答的問題，就很難回答否定的選項。

而②就是使用了「雙重束縛」心理技巧的問題。這種情況下，不管對方回答A、還是B，都得說「那一起去吧！」你就能成功約會了。

但是，**這個技巧如果沒有讓對方覺得「一起去看電影也不賴」的關係性，是完全發揮不了效果的。**

和對方幾乎沒說過話、偶爾也只是用LINE聯絡的交情，對方會覺得**「為什麼明明不太熟卻來約我呢？」而感到困惑。**

例如，當聊到電影時，如果能順勢地提出電影邀約那是再自然不過了，但若**沒來由地劈頭就問：「嗯……，如果要去看電影的話，A和B哪一部好呢？」這肯定會在對方腦海中塞滿大大的問號。**

為什麼會突然邀請還不熟的人去約會，或者提出各種冒昧的問題呢？

這是因為著急地想要「早點約會成功」，無法冷靜判斷之故。

然而，如果預先獲知自己容易失敗的原因，就能產生如下的思考：

「越來越喜歡他／她，忍不住就想趕快約會，但是不行，現在還不是好時機，要等關係更進一步的時候。」

「邀約看電影的話怎麼也說不出口啊，對方從剛才開始就在聊咖啡廳的話題，下次先查一下新開的咖啡店後再約吧。」

像這樣，**控制好焦躁心情，配合當時的狀況來應對，才能切實地推進和對方的關係。**

只囫圇吞棗地模仿表面上的技巧是非常危險的。

千萬注意要避免急著擊沉對方喔。

PART 1 總結

戀愛是一般人際關係的延伸。不要認為將戀愛與平時生活劃分開來就能成功，而是要處心經營日常的人際關係。

不能在喜歡的人面前自然地行動是理所當然的，也因為如此，學習控制感情、根據與對方的關係親密度採取適當行動是十分必要的。

戀愛不順利的原因99％源於庸人自擾，告白會被拒絕也常是因作繭自縛。相反地，如果能揪出自身的因素，戀愛就會有很高機率能順利進行。

盲從聽信網路文章並浮於表面地模仿戀愛技巧是很危險的。只有在能夠應對當時的狀況之後，彼此間的關係才能往前推進。

PART 2

必須先了解的「戀愛結構」

不先了解「戀愛結構」損失可大了！

為了讓心儀對象喜歡上自己，在這個章節中，我們來解說一下應該知道的戀愛方法和規則。

為什麼有必要先了解其中緣由呢？

這麼說好了，出社會後，若希望商務談判有所進展的話，需要學習商業的基本知識，例如：如何讓客戶選擇、如何應對降價談判等，如果不具備商場基本功，客戶也懶得和你打交道。

戀愛也是同理，為了預防失敗和誤會，最好事先了解戀愛構成。

然而，關於戀愛結構幾乎沒有什麼學習的機會。雖然可以透過一邊失敗、一邊積累經驗來掌握，但如果大家都自然地懷抱著「就算失敗也沒關係」的堅強意志，那麼為戀愛煩惱的人就不會這麼多了。

所以，越是**敏感及容易受傷的人，越需要瞭解戀愛構造**。

為什麼人會想要「談戀愛」呢？

話說回來，人為什麼會想談戀愛呢？關於這個問題，有許多心理學家從林林總總的角度進行研究，在此介紹兩種主要的理論。

「繁衍後代」

從繁衍子孫的視點來看待戀愛的理論是最眾所周知的。

男性為了留下健康的後代，通常喜歡年輕貌美的女性。**因為男性可以同時與多名女性繁衍子孫，所以不局限於特定對象，比起子孫的「質」，更傾向於追求「量」**。

與此相對，**女性受孕後，基本上一次懷胎均為單胎，比起子孫的「量」，更重視「質」，故此，女性有追求經濟安定的年長男性的傾向。**

「友愛型的戀愛」

據說有一種「友愛型」的戀愛，這是**由於兩性間的友情漸漸昇華，彼此互有好感發展而來**。比如說青梅竹馬或同學，不知不覺就發展成戀人而後結婚這樣的情況。

朋友間為什麼會萌生愛慕之意呢？因為人類有著最根本的、「想和誰在一起」的「親和欲求」。人類單獨生活時很容易感到不安，因此，會無意識地採取締結夥伴的行動，接著，開始對夥伴抱有好感，漸漸覺得對方和自己很像，時間一久，好感度和親密度就會逐漸提升，產生了「想幫助對方」、「想獨占對方」的戀愛情感。

提高戀愛成功的機率是談戀愛的基本功

從「繁衍後代」的角度來看，高顏值、年輕、多金絕對是更為有利的，但像這樣的人生勝利組只是世間的一小部分而已。

會覺得自己和這些人「隸屬不同世界」的各位，請不要過於氣餒，**因為人類有著追求同伴的「親和欲求」，活用這個訣竅，不斷地積累好感度和親密度，提高被對方追求的機率，這才是戀愛的基本功。**

而戀愛心理學的技巧就是有助於提高戀愛機率的實用手段。

「非黑即白的思考」很容易失敗

經常有這樣的諮詢聲音：「雖說得提高被喜歡的機率，但我不覺得自己能做到……」

容易受傷、過於顧慮對方心情的人，會以「非黑即白」的二分法來思考戀愛，例如「是被喜歡還是被討厭」、「能交往還是不能交往」。

確實，告白後能不能順利交往最終取決於對方的選擇，加上想要戀愛發生必須要有對象存在，因而，即使認為「成功機率是90％」，但對方卻表示「現在沒有想談戀愛的心情」的話，就等同是宣告破局。

另一方面，**即使自己認為「機率只有60％」，但根據對方的情況，成功交往的可能性也並非沒有。**

「喜歡」的狀態沒有那麼絕對，其實感情本身是有濃淡變化的，既然有「喜歡朋友」的狀態，也會有「無限接近戀人的喜歡」。「喜歡」的顏色不只一種，從微微泛紅的櫻花色到令人震驚的粉色，擁有多變的濃淡色調。

若不改變「反正不能交往，再怎麼主動也沒用」的思考，機率永遠只能為「0」。但若先以「當朋友」為目標向對方搭話，再以**「無限接近戀人的喜歡」進一步努力的話，交往的可能性就會提高許多。**

戀愛之所以痛苦，是因為考慮到「對方到底會不會選擇和我在一起」、「告白能否成功」等二元對立問題。「能交往的機率雖只有50%左右，但彼此交情更深化了」，如果能像這樣接受灰色地帶的模糊狀況，痛苦的心情也較容易緩和。

能實現和喜歡的人真正交往的5個小步驟

在我歷經過4千人以上的戀愛諮詢經驗中，**發現很多人談戀愛時都想要跳過接下來的5個階段，直接步向交往：**

①讓對方了解自己
②讓關係變得密切
③成為對方心中特別的存在
④約會
⑤告白

常有人明明還處於只是剛認識的①階段而已，卻突然跳到第④個約會步驟，或是⑤直接告白。

這麼做，戀愛的成功率就會暴跌。

對你來說，對方是「最愛」、「是現在想馬上交往的人」，但對他／她來說，你單純只是「不太熟識的朋友」而已，若在這種狀態下突然告白，就像是驚悚片，一定會嚇到人家。另外，也有些人缺乏主動搭話的勇氣，只是一味地等待對方望向自己，而一直處在第①個階段。

當然，也有跳過這些步驟順利交往的例外，但基本上，建議按照這5個順序步驟，階段性地加深關係，這是能以接近百分之百機率成功地和對方交往的關鍵點。

戀愛會變得複雜其實都源於自身因素

介紹過這5個步驟後，肯定有人默默承認：「確實是跳過了某幾步啊……」

但也有人的疑問會是：「戀愛真有那麼單純嗎？」。

事實上，讓戀愛變得複雜的，很出乎意料地始於你自身的因素。

重點是「正確經營自己和對方之間的關係」，只要能做到這一點，戀愛就會如同囊中物，想一瞬間從令人痛苦的戀愛關係中獲得自由，也不是太困難的事了。

比如說，喜歡上朋友的另一半時會是什麼情況呢？你喜歡的人如果沒有和你的朋友交往，就會選擇和你在一起嗎？

如果你沒有和對方建立親密的關係，除非發生什麼特別的奇蹟，否則一生都沒有交往的機會。在這種狀態下，「喜歡上了朋友的戀人而感到痛苦的自己」，其實都是自己將問題搞得更複雜。

但是，千萬不要絕望！重要的是該意識到與「情誼仍不親密」的對方之間的關係性。**正確地接受現實，才有機會站在戀愛的起跑線上，並以此為出發點，發展比現在更進一步的關係就可以了。**

若談了戀愛，任誰的腦袋都會變得和黑猩猩一樣

「冷靜並好好地思考一下。」

「把握現下自己和對方的關係」

雖然從一開始我就一副很了不起的樣子發表我的觀點，但其實人一旦愛上了誰，就很難冷靜，判斷力也會變得遲鈍，這是不可否認的情況，我自己也經歷過許多。

據說，**人一旦談起戀愛，思考能力就會下降到和黑猩猩一樣**的程度。當「我喜歡這個人！」的戀愛模式出現，**被稱為腦內麻醉劑的多巴胺就會持續分泌，大腦會變成如同酩酊大醉的狀態。**此時的思考能力只能想到20分鐘後的事情。

不時耳聞某女性責怪另一半說：「明明說過『一輩子都會珍惜我』，你這個大騙子！」真的很遺憾，「一輩子珍惜」這句話的持續力其實只有20分鐘。

所以，越是情緒高昂地說：「我好喜歡你！現在就想跟你交往！」的時候，越要避免暈船，告訴自己：「清醒一點！不要被分泌的多巴胺給騙了。」

「我們是什麼關係來著？現在只是見面打招呼的交情而已，就算突然告白也不可能交往。總之，先以未來能開心談天的關係為目標努力吧！」

如果想被心儀對象喜歡，要把自己拉回現實，不要選擇走向突然告白然後自爆的失敗之路。

PART 2 總結

為了防範失敗和誤會，事先瞭解「戀愛構造」非常重要。也因為是敏感又容易受傷的人，才更需要事先學習戀愛結構。

活用「人會想要有伴」的「親和欲求」，不斷積累好感度是戀愛的基礎。

常有「會被喜歡還是討厭」、「能不能交往」……等「非黑即白」的思考，戀愛是無法順利進行的。若能接受「交往機率為50％」這樣的模糊狀態，會感到輕鬆許多。

促使能夠交往的機率接近百分之百的關鍵是，依照「能成功和喜歡的人交往的5個步驟順序」，階段性地加深彼此關係。更需考慮此時的情緒會很激昂，才更要按照步驟讓自己冷靜下來。

PART 3

能最迅速提高
好感度的交流技巧

人類其實很容易喜歡上他人

從PART 3開始，終於進入實踐篇。在這個章節中，為了向喜歡的人成功告白，首先介紹一下能讓對方知道自己的存在、並讓彼此關係更進一步的心理技巧。

「關係親密是不可能的啦！如果能做到，那就都不需煩惱了。」也許有人是這麼想的。

但這是個很大的誤解。

被人喜歡也好、討厭也好，其實都出乎意料地容易。即使你認為：「我喜歡這個人的這個優點」但實際上也不會因為「對方對我蠻親切的」、「聽說朋友談戀愛了，我也想和誰交往看看」等理由而暈船。

實際上，耶誕節前開始交往的情侶會大量增加是因為「沒有戀人的耶誕節實在很寂寞，所以好想談戀愛」的心理作用。曾有資料顯示，播放著情歌的店會讓搭訕的成功率加倍。

再舉個例子，憧憬的偶像一旦改變了穿搭和髮型，你是不是會心想：「咦？我那麼喜歡原本的你……」滿滿愛慕就會突然被澆熄。

戀愛若真有可靠的價值標準提供參考的話，就不會發生這樣的事了吧。人雖然會理性地認為「就是他的這種個性我才那麼喜歡」、「這類型的男性才是我的菜」，但實際上很多時候都是透過感情來判斷：「不知為何，總覺得就是喜歡」。

因此，**透過使用心理技巧溝通交流，可以一點一滴積累對方對你的好感度，確實提高成功交往的機率。**

「你好了解我！」讓人有此錯覺的讚美法

「雖然能很開心地和大家聊天，也真的很擅長炒熱氣氛，但意外地，你其實也不討厭一個人安靜獨處吧！」

在和喜歡的人剛認識不久時，如果想一口氣縮短距離的話，用「矛盾心理」（Ambivalence）法則來表揚對方會很有效果。

「矛盾心理」是指**所有事物都具備兩面性**，舉例來說，你自身也會有平時性格開朗，但在不擅長相處的人面前也存在著很害羞的一面吧。

所以，「一直都很開朗」的那一面即使被人讚美也是意料中的事，反而會覺得「這人還真是不瞭解自己呢！」。

其實，人類原本就擁有「內在自我其實更為複雜」的心理傾向。

因此當被讚賞平常少表現出來的性格，不禁就會覺得「明明還不太熟，為什麼會那麼了解我？」雙方就能更加貼近。

「矛盾心理」法則是在職場或社團中，欲提高團隊成員積極度時也能使用的技巧。但是，誇獎的時候若說：「你看，我很瞭解你吧？」臉上掛著沾沾自喜的表情，效果就會減半。對於這種洋洋得意行為，即使有80%的人回答說：「被你猜對了！」也還會有20%的人故意表現出「才不是你說的那樣！」。

為了防止這種情況發生，避免故意「猜中對方要說的話」，而是要有**「稱讚對方，讓對方高興」**的意識，不要忘記最終是希望達成「讓心儀對象怦然心動，然後交往」、「讓團隊夥伴拿出幹勁」這樣的目的。

沒有向人搭話的勇氣就運用「相似律」吧

愛慕對象不一定是曾聊過天的人。如果是學生，會喜歡不同班級的人，若是社會人，也會喜歡不同部門的同事。

一旦喜歡上了從沒講過話的人，必須得先讓對方知道自己的存在。話雖如此，「怎麼樣都不敢跟對方講話」的人，要他主動搭訕簡直比登天還難。

此時，**就從身旁的人進攻吧**。若對方是學生，就往社團活動、就讀學校結交共同友人，增加自己能在他／她的班上現身的次數，**要以進入對方的視野為首要目標。**上班族也一樣，**在心儀之人所在的部門結交朋友或進行工作交涉，讓自己不斷亮相露臉！**

為什麼從對方周邊開始進攻會比較好呢？

那是因為人對和自己有相似點和共通點的人抱有親近感，而會產生「相似律」（Law of similarity）此一心理效果。

兩人的共同點是「有共同的朋友」，可以讓對方留下「因為是朋友的熟人所以可以信賴」、「自己應該也能和他／她成為好友」的印象。

另外，在最一開始，見面的頻率和次數遠比說話的內容重要。

這是因為**見面的次數和頻度增加的話，好感度就會提升，心理學上稱之為「單純曝光效應」（Mere exposure effect）**。

也就是說，即使不說很多話，反覆和對方打招呼或簡單地閒談也能讓對方意識到你的存在，從而提升印象分數。

運用「自我揭露」＋「回應性規範」來找出雙方的共通點

如果有和對方說話的機會，記得**找出彼此的共同點，藉以提高好感度！**

話題從老師、上司、共同朋友開始、或是喜歡的遊戲和漫畫什麼的都可以聊。

只是，**根據和對方的親疏關係，也有無法立刻找到共同點的情況。此時，若想打聽對方的資訊，請先進行「自我揭露」（Self-disclosure）**。所謂「自我揭露」，顧名思義就是公開自己的個人資訊。

案例1：想了解對方的嗜好

自己：「最近，我很著迷於一邊看肌肉教官的影片、一邊鍛煉肌肉呢！」

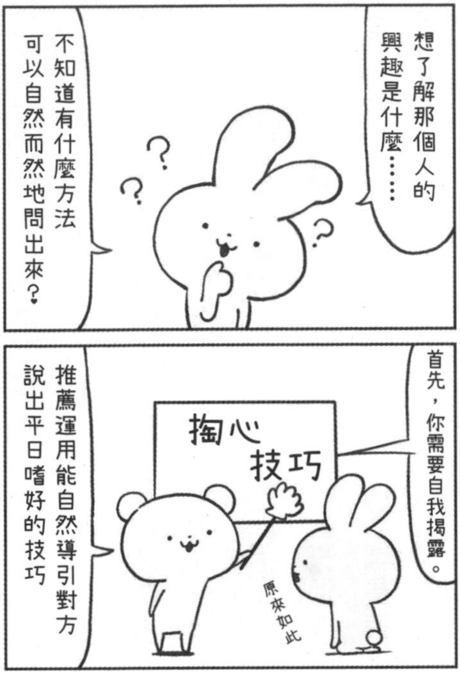

想了解那個人的興趣是什麼……
不知道有什麼方法可以自然而然地問出來？
首先，你需要自我揭露。
掏心技巧
原來如此
推薦運用能自然導引對方說出平日嗜好的技巧

對方：「運動會讓身心很舒暢，我也經常看瑜伽教練的YouTube影片，自己筋骨還很僵硬，在家鍛鍊就不會讓別人看到我的拙樣了。」

自己：「是阿，在家裡練習就不須在意別人的眼光了。要我上健身房還是辦不到。」

對方：「我也是，我好想去專

業教室學瑜珈，但就是沒有勇氣。」

案例2：想在職場的人際關係中找到與人的共同點

自己：「唉……我今天被○○課長訓了一頓，實在是我沒處理好。」

對方：「○○課長是性情中人，不要在意比較好唷，我也常被提醒要多注意呢！」

自己：「是嗎？覺得你是什麼事都能靈活處理的類型呢！」

對方：「不不不，沒那回事，和○○課長總是有哪裡合不太來的地方……」

像這樣，**由自己先揭露想法資訊，對方就會有「既然他分享了這麼多，自己也必須回應」的「回應性規範」（Norm of reciprocity）心理效應產生。**

「平常喜歡做些什麼呢？」、「你是哪一種個性的人？」被當面這麼問的時候，是不是很像警察在執勤時進行盤問一樣，會有種被騷擾的感覺吧。

因此，若能運用「自我揭露」+「回應性規範」法則的話，就不會暴露出「我想了解你」的真心話，而能自然地獲取對方的情報。

這是在初次見面時自我介紹、想了解對方的戀愛觀、交往的對象類型……等各種場合都能應用的便利技巧。

運用共通話題提升親密度

如果找到了和心儀對象之間的共通點，建議將其作為讓彼此對話能夠繼續的核心話題。

因為人類的大腦會信任給人「愉快」感情之人，就好像吃了巧克力後會產生美味的「愉悅」感情，若想維持美味的幸福感，就會再伸出手要巧克力一樣。

戀愛也和人際關係同理，在對話時，「沒錯沒錯」、「我懂我懂」、「我也是！」這類表達共鳴情緒的回應，就能讓對方產生「愉快」情緒。

相反地，「我的朋友，她啊……」、「工作上發生了○○的事」等，若喋喋不休地說著只有自己才知曉的事，讓對方接不了話，當然也無法和「愉快」情感有什麼連結了。

自然而然地交換LINE的技巧

要和對方構築好交情，交換聯絡方式必定是不可少的。**為了增加接觸的次數，除了直接見面，用LINE和郵件等的交流也很有效。**

但是，如何交換也是一大重點，或許有人會強行地問出聯繫方式，但這很有可能會讓情況演變成不管傳了幾次訊息都收不到回音的狀況。

什麼樣的話題才能有很高的機率收到對方回覆呢？

說到底，果然還是「共通話題」最萬用，因此，在交換LINE的時候，建議將共同話題作為切入點，自然地問出對方的聯絡方式。

然而無論聊天再怎麼熱烈，話題總有用完的一天，但倒不如說此時才是最佳時機，也就是當快要沒話聊的時候，單刀直入地說：**「還有好多想跟你聊的呢！能加你的LINE嗎？」**

為什麼用共同話題作為切入點就能順利交換LINE呢？這是因為自然而然地使用了「Yes set」（是的套組）說話術。

「Yes set」指的是透過鋪陳，先積累一些小YES（=共鳴或同意），再進而引出更大YES（=LINE交換）的心理誘導技巧。

因為經常追求一貫性是人類的本能，明明自己一直回應：「是啊！」讓氣氛熱烈起來了，若之後還是拒絕了LINE交換的話，反而會有違和感。

當拿不出「想要交換LINE」的勇氣時

接續前文話題，要向喜歡的人說「我想加你的LINE」，是非常需要勇氣的。很多人都會因為害怕「若被拒絕怎麼辦」、「如果被拒絕了等於宣告世界末日來臨……」而遲遲踏不出那一步。

我想告訴大家的是：「就算不行動也存在著一定風險」。

為什麼呢？因為要讓喜歡的人喜歡是有時間限制的。

研究表明，**認識3個月以上都沒有萌生戀愛情感的人，最後是很難發展成交往關係的。**

越晚交換ＬＩＮＥ，成為戀人的機率就越低，若你還在磨磨蹭蹭的話，喜歡的人被追走也不無可能，**請把行動和不行動的風險放在天秤上，這樣還是拿不出勇氣嗎？再好好思考一下吧。**

行動的風險

□失敗的話會很受傷
□可能會被討厭
□被周圍的人發現後會被取笑

不行動的風險

□時間拖越久，告白的成功率就越低
□喜歡的人會和其他人交往
□不行動的話，就永遠也沒有交往的可能了

男性應以速度取勝，女性則能採長期戰

我特別建議男性應早點行動，在PART 2曾提過有一種從友情發展為愛情的「友愛型戀愛」，這與男女思考模式不同有關。

女性通常在最初階段就會明確區分對方能否成為戀愛對象，若對方3個月內遲遲不告白，就很有可能認為「他對自己沒有興趣」而打退堂鼓。

再者，女性懷孕的時間有限，也需要時間判斷對方是否適合長期共同生活，這會導致她們在初期階段就會做出是否要與對方交往的決斷。

當你還思忖著在搭話或交換LINE的階段會受挫，其實時機點一轉眼就過了，「若早點付諸行動就好了」，為了不讓自己後悔，重視速度邁出第一步吧！

另一方面，男性看待友情和愛情的界限很曖昧，彼此關係能長久持續的話，友情很容易昇華為戀愛，因此，女性沒有必要像男性那樣受限於速戰速決，長期戰也是一種選擇。

當「可以交換LINE嗎」講不出口之時

其實並不是因為喜歡對方所以說不出口，說起來，或許是某些人從未對朋友或初相識的人說過：「可以跟你交換LINE嗎？」這種話。

「可以跟你交換LINE嗎」表示你向對方提出請求，但如果平時沒有累積「拜託別人」的經驗，肯定會很緊張，也會放大被拒絕時的打擊，所以，總恐懼著失敗而無法行動。

在這種情況下，**建議經常將關係親近的人當做練習對象，積累「一天一次，小小拜託別人」的經驗。**

・試著拜託父母：「明天晚上想吃蛋包飯」、「讓我優先妹妹去洗澡」

我想跟對方要他的聯絡方式，但……但、但是，如果被拒絕的話怎麼辦
顫抖
緊張

一天一次，向別人拜託一些小事吧!!
砰!!
讚
試著鍛煉自己的內心！

・試著拜託親密友人：「借我那本漫畫」、「想吃你帶來的點心」

這麼做就像是在自己心中施加「請託對方」的負擔，能鍛煉自我內心。在反覆多次的過程中也就不會害怕被拒絕，而能培養「在這個時機點說出口更容易被接受」、「這類的小請託，即便對不太熟的人也能問出口」這樣的直覺。

當然，如果對方答應了你的請求，請忽忘記要好好道謝。

「洩露情意」是好還是壞？

洩露出情愫對戀愛是好還是壞呢？這也是許多人會有的疑問。

我們從觀賞愛情片來切入，從故事一開頭就對主角「大告白」並積極接近主角的角色都會被甩，這是很常見的約定俗成劇碼。

實際上，這也符合心理學理論。

美國維吉尼亞大學進行了下列的戀愛心理調查。他們先偽造了「調查線上約會意願的問卷」並募集到幾位女大生，再向她們展示多位男性照片，並說：「這些男士們事先瀏覽過你的臉書，也詢問了對妳的好感度。」我們將好感度分成下列三種類型：

- 非常喜歡
- 既不喜歡也不討厭
- 難以決定是喜歡還是討厭

在得知對方感受的基礎上，調查了女性會對哪位男性感興趣，其中，女性認為最有魅力並想進一步認識的是回答「難以決定喜歡還是討厭」的男性。

也就是說，洩露出情意在戀愛中是「不利」的，因為人類會對無法理解心思的人抱有更多好感。

「喜歡」的情緒要配合對方步調

前項調查是以女性為對象，無法適用於男性。

但是，洩露情意確實對男女都十分不利。

要想被對方喜歡的會話技巧之一就是「同步」（Pacing），這是一種在對話時，將說話的速度、情緒配合對方步調的方法。

比如說，當對方說話的節奏太慢，通常會把人搞得很焦躁吧？或是，即使喜歡同一個偶像，但若對方過於狂熱地談論，你會不會覺得「自己也沒愛到那種程度」而退縮呢？

這到底是怎麼回事？其實，人不僅僅是說話的速度，更會對和自己情緒起伏相同的人抱有好感。

所以，當與對方是剛認識、可以稍微閒聊一下的關係時，「喜歡他」的情緒要配合對方的節奏才對。

雖然也有人認為「洩露自己的愛意才會更快進展成情侶關係」，但這只限於一見鍾情、交情已經很好、彼此「喜歡」的情況。為了不要在最初期就整個暈船，好好控制自己的情緒吧。

當「刻意迴避喜歡」的慣性再起時，更應專注於「目前能做的事」上面

除了「主動洩露愛意」之外，也常見「刻意迴避喜歡對方」的情況，來諮詢的23歲女性曾問我：

「一直以來，總是過於在意喜歡的人而故意冷淡待他，結果反而毫無進展。現在也喜歡上了公司的同期，關係同樣開展不了。」

像這樣因過於喜歡對方而「刻意迴避」，會有這種狀況的原因

有九成是「庸人自擾」。

這位女性「刻意迴避」時的思考回路如下列所示：

雖然想傳LINE給他，但不想被認為「幹嘛這麼刻意」

←如果喜歡的情愫被察覺，可能會被嫌棄，而且再也不會跟我說話

←說起來，他應該有喜歡的人吧

←那就算喜歡上也沒有意義，還是不要LINE他了

←話雖如此，還是很喜歡他、想和他交往。很想LINE他，怎麼辦呢……？

像這樣一股勁兒地思考同樣的事情，在心理學上叫做「反芻思考」（Rumination）。

這種時候，即使告訴自己：「振作點，不要想太多」也會適得其反。研究表示，**比起平靜的幸福感，消極的想法會讓大腦感受到更強烈的刺激。**

因此有此困擾的人請嘗試以下方法。

「集中注意力於完成當前步驟」

為了避免患得患失，首先在**「和喜歡的人成功交往的5個步驟」中，確認自己現在處於哪個階段，專心專念於完成該階段。**

①讓對方知道自己的存在
②讓關係變得密切　↑現在處於這個階段
③成為對方心中特別的存在
④約會
⑤告白

若剛好是公司同期的話，第①關就能打勾了，當還處於未交換過LINE

的第②階段且整個卡關時，應先專心於征服第②關卡。之前也提到過，不管對方有沒有喜歡的人，如果不先將自己假想成戀愛對象的話，再怎麼煩惱本身也是無用。

不要為將來的事煩惱，而是聚精會神於自己目前能做的事，如此就不會被消極的思考牽著鼻子走。哈佛大學的心理實驗證明，當人專心致志在眼前的事情上，會更容易感到幸福。

我向前來諮詢的那位女性上班族提出：「試試看『自然地交換ＬＩＮＥ』」的建議。結果，她爭取擔任公司同期聚會的負責人，創造了一個和對方單獨聯繫也不奇怪的模式，現在已經進展到了第④階段。而我正期待著「我們交往了！」這樣的消息傳來！

容易讓戀愛萌芽的8種模式

儘管如此，我還是提不起上前搭話的勇氣，更不用說交換ＬＩＮＥ了。為了有此煩惱的你／妳，就讓我來介紹超好用的必殺技。

想和喜歡的人交往，得確實地通過5個步驟，其中唯一的祕訣就是利用「戀情容易萌生的8種模式」。

知道這個模式的話，就可以得知對方「好想戀愛！」的時機，也可以在不被對方察覺的情況下，悄悄提高自己的好感度。

雖然並非「只要實踐就能順利在一起」的技巧，但確實能幫助你**提高戀愛實現的機率**，請一定要好好利用！

①戀情萌芽自社會性

因為人是集體生活的社會動物，容易被**「上高中、大學後當然要談戀愛」此一社會大眾常有的想法影響，或當朋友有了戀人的時候也是一樣，自己會希望「身邊有人作伴」**。

這在心理學上被稱為「戀慕的互惠性」（Reciprocal love），如果能把握這個時機接近對方，戀愛實現的機率就會上升。

②戀情萌生於外在因素

在天氣這類外部因素的影響下，人們會在無意識中被左右。這些外在因素與其說是**用來積極地提高好感度，不如說是為了不讓好感度白白下降而能有效利用的要素之一。**

例如，「與其在寒冷的室外搭話，不如在室溫舒適的公司裏聊天吧」、「今天下大雨，下次再約你吧」，通過調整和對方拉近關係的時機，可以降低讓人覺得「總覺得沒啥好印象」的風險。

③讓自己接近對方喜歡的類型，製造戀情萌芽良機

人會覺得符合自己標準的人很有魅力，也就是對方得是「自己的菜」。如果對方喜歡長髮就留長髮，如果喜歡溫柔男性就舉止紳士，若讓自己接近對方喜歡的類型，愛苗自然而然地就容易滋長。

也許有人會覺得「這樣不就無法做自己……」而感到排斥，但是要想提高戀愛成功的機率，**為了讓對方產生興趣多少也需要裝一下的**。

一旦真的喜歡上你，就會偏離原先喜歡的類型而接受你的外表和舉止，所以請毫不猶豫地行動吧。

④藉著新環境氛圍催生戀情

據說旅行、更換班級、入學、就職、轉職等接觸新環境的時機，容易產生戀情。

在新工作、新環境努力時，腦內的多巴胺分泌量會增加、心臟會怦怦跳，整個人的狀態也會變得活躍。這和戀愛時的症狀相似，若在這種狀態下和異性見面，會產生「戀愛了」的心跳錯覺感而更加遽想談戀愛的心緒。

選在這類時機點，稍微主動積極跟對方交換LINE的話，成功機率也會上升。

另外，當環境改變，喜歡的類型也會跟著變，所以不要在意「自己可能不是對方的菜」，奮不顧身地接近就對了！

⑤因互動而產生戀情

「互動理論」（Interaction Theory）在心理學上是指雙方因相互制約、相互影響而產生人際吸引的效應。

在某個實驗中，男女兩人一組分別進行多互動／少互動的任務，結果顯示，越需要與對方共同著手解決任務的男女，越能感受到對方的巨大魅力。

因此，人會和一起執行共同作業的夥伴變得更有向心力、也容易萌生愛意。

例如，你可以選擇和喜歡的人一起進到同一個小組或委員會，和對方一起工作，創造能產生互動的機會！

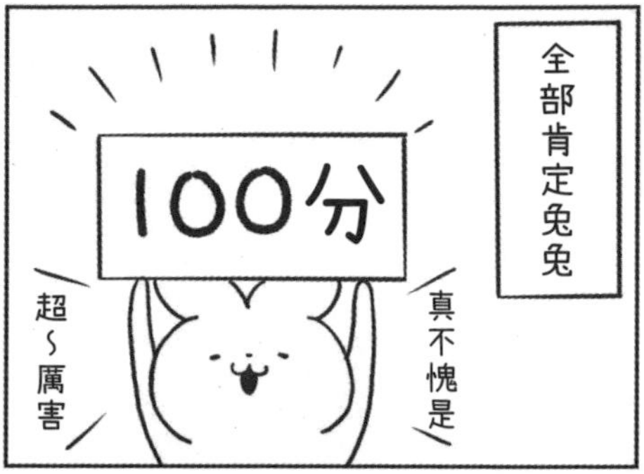

⑥誇獎對方也容易讓關係加溫

對於關心自己、高度評價自己的人，通常會很容易感受到其魅力。如果想和對方發展成戀愛關係的話，就一直、一直、一個勁兒地表揚他／她吧！

但是，誇獎方法需根據對方類型來變化，詳細請參考PART 8的「12類型攻略法」。

⑦相似度高也會產生戀情

運用前面已經提過的「相似律」，另外再加上外表看起來差不多的裝扮形象，給人的吸引力也是容易催生戀愛的條件。

⑧自我評價的高低也能促成戀情

當喜歡上某人的時候，也與自我評價有關。自我評價是指自己評估自己，接受並珍惜「真實自我」的態度。

失戀、考試失敗、工作上失誤等，常會讓人覺得「自己好糟」、「不再被讚美、不被愛」，導致自我評價下降，更有實驗結果表明，**自我評價下降的時候，也會連同將對方的魅力降低14％、親密感降低19％。**

於是就會萌發「喜歡這樣沒有價值的自己的人實在噁心」之心理。

因此，對方的自我評價下降的同時，也很難喜歡上別人，這不會是追求的好時機。

此外，經常有「請教他人關於戀愛和工作的煩惱時，也容易發展成為戀愛關係」的說法，這是因為**透過徵求意見的形式，無意識地實踐了「提高對方自我評價的3個舉動」**。

①接受對方的真實樣子

↓不要隨便鼓勵對方說「打起精神來嘛」，而是接受對方的狀態並說「很辛苦吧」。

②誇獎對方優點

↓使用「矛盾心理」此一兩面性法則進行讚美（參閱P．42）。

③一起克服困難

↓請教諮詢本身就是「一起克服困難」的行為。

如果能請教對方關於戀愛煩惱是最好不過的了，然而，即使沒有這樣的機會也可以：

・傳LINE詢問：「你看起來心情不好，發生了什麼事嗎？」

・讚美對方說：「總是在大家都不會注意到的地方關注我呢！」

・兩人共同解決完成學校作業等，一起克服小小的困難。

積累這些小舉動，有益於提高對方的自我評價和自己的好感度，同時靜候能夠接近對方的機會吧！

當喜歡到無法自拔時，試著當個「見異思遷之人」

「太喜歡對方了，很難受呀，而且雖然很想告白，但也不想彼此尷尬，真是鬱悶！」

我經常向有此煩惱的諮詢者建議：「多喜歡上不同人會更好喔。」

但通常會出現這樣的回應：「啥？這怎麼可能?!」其實正如前面所提的，若能增加彼此見面的次數和頻率就有機會提升好感度，因此，有意識地常和覺得「不錯」的異性接觸，就能讓關係昇溫。

擁有好幾位心儀對象的好處多多，最大優點就是「能夠幫助自己調整朝思暮想的心思」，越為對方牽腸掛肚、越會著急地期盼迅速拉近距離，常常也無法如同自己想像地行動，因此，以此種方式調整戀慕情感的強弱，反而能儘早成功與喜歡的人交往。

此外，**當有「真的好喜歡他、好痛苦」的情況時，刻意減少見面及LINE的次數**，自然能平靜下來，內心也會感到安定。也許你會認為減少和心儀之人見面的次數哪辦得到，其實新認識的異性友人很足以填補你的空虛感。

重要的是**具備「情意必須收放自如」的想法**，巧妙地控制隨時會暴走的情感，不僅好感度、順利交往的機率也都會大幅提升。

PART 3 總結

人類意外地很容易愛上別人，正因如此，藉由使用心理技巧增進彼此交流，可以漸次累積對方的好感，提高成功交往的機率。

人會對和自己有相似處及共同點的人抱有親近感，在對話時，運用共同話題來活絡氣氛，配合對方說話的節奏和情緒吧！

當見面的次數和頻率增加時，自然而然地就能幫助提高好感度。

想要自然地了解對方的一切，首先要公開自己的資訊，這麼做，「回饋性法則」就會起作用，形成「我也必須回應對方」的狀態，想得知的情報就能順利入袋。

相識3個月以上還無法發展成戀愛關係的人，最終會很難真正成為情侶。越晚互加LINE好友，戀愛成功的機率就越低，總之，快行動起來吧！

因為人會對無法猜透其心思的人抱持好感，所以「洩露情意」基本上是不利的，學會讓自己的情意收放自如吧！

PART

4

能和喜歡的人拉近
內心距離的LINE技巧

不再被覺得「真纏人」，讓對方甘願回覆訊息的方法

是否和喜歡的人順利地交換LINE了呢？

一般而言，光是能順利成為LINE好友就能讓人開心夠久的了，但是，好不容易交換了LINE，傳給對方的訊息卻總是被已讀不回。

在這種情況下，別說發展成情侶，就連關係要變好都很困難。

LINE是一種可以輕鬆發送訊息的工具，所以很容易就會產生誤會，「擬定要傳什麼訊息→打字」這需要思考力和行動力，其實意外地頗費心思的。

當你喜歡的人傳訊息過來時，通常會想馬上回覆吧，這是因為「喜歡」的這種積極感情，超過了「好麻煩」的負面情緒。但對方還沒有「喜歡」上你，所以想收到回覆的話，下列思考是很重要的：

- 不要讓對方產生「麻煩」、「生理上無法接受」這樣的負面情緒
- 「這個人，總覺得挺好的」，要在能累積好感的時候下功夫

首先，若想實際收到對方回覆，就用基於心理學的LINE對話技巧來拉近和對方的距離吧。這是**幫助你與對方從「不太熟的關係」轉而為「什麼都能聊的異性友人」的關鍵步驟。**

提升／降低好感度的大頭貼

LINE的大頭貼在每次聊天時必定都看得到，在某些狀況下，看到大頭貼

的次數可能比起實際見面還要更多，也因為如此，大頭貼代表了你這個人，而且很大程度上左右著戀愛的成功與否。

如果你現在正使用著好感度低的大頭貼，那麼只需換張給人好印象的照片，就能達到和整形美容一樣的效果。我要不厭其煩地告訴各位：「放什麼照片都好」即刻就從這裡著手來提升戀愛的成功率吧！

而會拉低好感度的照片就是指「看了會影響心情的照片風格」，以下述具代表性的3種為例：

【①擺出自戀表情自拍】

會給人自我陶醉感，好感度肯定下降。

【②噁心的照片】

想搞笑的鬼臉和蟲子等讓人感到噁心的影像，當然會降低好感度。

【③表情悲傷的照片、眼神向下或向後看等表情不明的樣子】

即使實際上都非上述類型，還是會給人「這人似乎很消極？」、「有點怪咖……」的印象，要使用看不清長相的影像，乾脆用非個人照以外的影像反而才有助於釋放好感。

另一方面，能增加好感度的大頭貼有下列3種：

【①由他人所拍攝的微笑中的自己】

大頭貼代表了自我形象，因此**正面出鏡的照片會更有記憶點**。比起自拍，其他人拍攝的會更自然，容易讓人留下好印象。臉部的角度無論是正面、還是側面，只要能展現出自己魅力的角度就ＯＫ。

【②和朋友合照】

使用和朋友合影的照片也能給人積極的印象。不是大堆頭那種，而是選擇有2～3個人合照的、能清楚看到臉的照片。

【③可愛動物的圖片】

若是無論如何都不想放上自己的個人照時，那就選擇洋溢可愛感的動物照片吧。

能讓大頭貼看起來受歡迎的顏色是？

根據身上的衣服顏色和大頭貼的背景色，給人的印象也會大相逕庭。希冀讓對方留下好印象或消極印象的顏色各有以下幾種：

「給人積極印象的顏色」

白色——予人清潔感的顏色。因為可以增加說服力，所以很適合構築和對方的信賴關係，加上這是接受度高的中性色，所以不論男女都可以不需顧慮對方的喜好來使用。

暖色系——粉色、橙色、黃色、紅色等暖色系是能讓人情緒高漲、興奮的顏色。雖然適合戀愛，但是因為人各有所好，因此使用的時候要先掌握對方的顏色喜好。

「給人消極印象的顏色」

藍色／棕色——讓人感到平靜的顏色。但要想戀愛，必須要能讓對方怦然心動，因此建議避免此色。

灰色——給人低調中立印象的顏色。因為賦與人一種若即若離、優柔寡斷的印象，所以不適合用於發展戀愛關係。

黑色——給人壓迫感的顏色。雖然很具時尚感，但會產生「有點可怕」的印象，是無法提升好感度的顏色。

更新大頭貼的頻率多久一次為佳？

建議**更新的頻率和剪頭髮的頻率差不多**。若身邊有人是每週剪一次頭髮改變形象的，你內心一定黑人問號：「這人是很閒嗎？自戀狂吧?!」不過，2～3個月改變一次形象是很自然的。

透過製造些小變化可以讓對方意識到自己的存在，「啊，換照片了」、「這是在哪裡拍的呢」，趁機引起對方的興趣，也能創造聊天話題。

也許有人會認為「用大頭貼來當作話題，也太自戀了吧，才不想這麼做呢！」

但是，你有沒有想過**最糟糕的其實是對方對你根本毫無印象**，但由於更新了大頭貼，原先中斷了的聊天也有可能再度熱絡起來，是很好用的一招。

「配對」技巧能拉近內心距離

好不容易能繼續用LINE聊天，卻被認為「總覺得和這個人聊不來」，於是對話又再次默默中止。

為了防止這種遺憾的事態發生，可以運用「同步」（Pacing）策略中一種稱為「配對」（Matching）的技巧。

這是一種藉由配合對方說話的聲調、節奏、音量，讓其產生**「總覺得和這個人很合得來、有親近感」之心理技巧。**

比如說，明明想和對方維持不間斷的、節奏感流暢的對話，但對方每次說話都會陷入沉思，這會讓人有點焦躁吧，反之，說話慢條斯理的人，如果在自己話還沒說完的時候，就被人用急躁的語氣搶詞，這種被催促感也會導致心情浮躁。

用LINE聊天也是一樣，習慣用一、兩個短句子並接二連三地傳送訊息出去的人，若收到長文回覆的話，會對這樣的訊息量感到壓力；不怎麼使用表情符號的人看到滿是表情符號的訊息時，同樣會覺得「嗯……有點難懂……」。

正因為如此，**第一次互發訊息的時候，要先確認一下對方用LINE的習慣，自己也**

要觀察配合才好。

【LINE聊的常見習慣】

- 表情符號、顏文字、貼圖的使用方法
- 文章量是多、還是少
- 要不要空行
- 一句話要落落長、還是用幾個字講
- 是否使用標點符號
- 最初和最後使用什麼樣的句子
- 換行的方法

回訊的頻率一定要配合對方節奏

雖然很想馬上回覆對方傳來的LINE，但建議一定要先忍住不回，**回覆的**

速度要配合對方。他若過1小時後才回，你也在1小時後回覆，若是10分鐘後，你也於10分鐘後回訊息。

但這麼做，你是不是疑惑：「這樣可以嗎？太晚回不就沒戲唱了？」

確實，對方是喜歡的人總忍不住想要秒回，但會遇到煩惱該傳些什麼訊息的類型、也有原本就不太頻繁確認LINE的類型，當然也有人不管對誰都會秒讀秒回，**根據個性不同，回覆頻率也會有很大的差異**，所以不要囫圇吞棗地相信「秒回＝有希望」、「慢回＝無望」。

重要的是，「你喜歡的人，什麼樣的回訊頻率會讓你感到自在」。

聊天只要集中單一話題

當「爆炸喜歡」某人時，「你昨天做了哪些事呀？啊，你聽了〇〇的新歌了嗎？超好聽的」等等，一個訊息內往往會包含很多想問的事情。

但是，大腦基本上不擅長多層思考，必須同時判斷、處理兩個以上問題的訊息會讓對方覺得「回覆超級麻煩」。

因此，**每次丟出訊息前，為了不要讓對方產生負面觀感，話題集中一個就好。**

共通話題用完了，該怎麼辦？

當雙方因為共同話題聊得很起勁時，「還想繼續跟你多聊耶，可以交換ＬＩＮＥ嗎？」若能因此得手對方帳號，初次用ＬＩＮＥ聊天時就能順勢延續方才話題，例如：「剛才說的電影啊……」像這樣就能順利地讓氣氛熱絡起來。

但問題是之後呢？在我的戀愛諮詢中，也曾有很多人問：「如果沒有話聊時，該怎麼辦？」

「有個叫△△的朋友和○○在同一所高中，你知道嗎？」、「你看過那部動畫片了嗎？」你是不是會像這樣不停地尋找新話題呢？

然而，**聊起新話題其實會冒著降低好感度的風險。**

人們在認知方面具備稱為「平衡理論」（Balance theory）的心理作用，如果擁有和對方相同的「好惡」，就能提升評價，相反地，如果聊的是「沒有興趣」、「討厭」的話題，也會讓對方覺得「和這個人不太合得來」。

如果能在新開的話題中再次炒熱氣氛那當然就沒問題，

①喜歡
②討厭
③不感興趣

前述的這三點之中，可能話題不巧就符合了有降低好感度風險的②和③，因此，**即使有點勉強，也建議用「能炒熱氣氛的共同話題」避開風險。**

即便如此，但若「怎麼樣也聊不出新花樣了（攤手）」的話，**那就「一天最多聊三個新話題」，將風險控制在最小限度吧。**

「共通點越多越好」的陷阱

「如果有相似之處的話，好感度就會上升，那就一個接一個地挖掘新話題，找出更多共同點，這樣會更好聊？」應該有人會這麼想吧。

實際上，曾有過一個關於共通點的實驗。

實驗人員向被測試者提問了16個問題，以33％、50％、67％、100％的比例展示了自己和對方相似的程度。

結果，**比起「有10個特質的相似程度達50％的人」，「有5個特質相似百分百的人」的好感度更高。**

也就是說，共同點的「深度」比「數量」更重要，應該至少要深入挖掘出一個共同點。

能持續LINE聊的「聯想遊戲式對話術」

就算要人深入挖掘共同點，也不知道怎麼做才好……，針對這種狀況，我推薦以心理學為基礎創造出的「聯想遊戲式對話術」。

這是一種**從「共同話題」中找出「與自己的共同點」，進而發展成更親密話題的方法。**

對方：「那部動畫的主角是沒什麼朋友的類型吧。」
自己：「確實！」
對方：「覺得戰鬥場面很厲害呢！和其他動畫相比，我最喜歡打鬥的戲。」
自己：「很帥吼！這麼說來，我的朋友也很少。」
對方：「我也是耶」
自己：「是嗎？看不出來，我一直覺得你人緣很好。」
對方：「看起來是這樣啦，但其實常勉強自己開朗待人。」

透過這個方法，若能從共同的話題中說出自己的性格、成長、過去的戀愛經驗等私人話題，就有助於縮短彼此的內心距離。

如果正煩惱著「該聊什麼好呢？」，就先從挖掘共通點的深度開始吧。

能與心儀之人更加深羈絆的最強提問

「請推薦在你喜歡的動畫中我會有興趣的類型！」

如果已經開始出現尬聊的情況時，必殺技就是這句，當然，即使不是動畫，藝人也好、電影、漫畫也好，只要是對方喜歡的東西什麼都可以。人會因為和別人分享自己喜歡的東西而感到喜悅，所以通常會很開心地跟你聊起來。

而且，限定為「我會喜歡的」，對方便會發覺和你的共同點——「沒想到這個人和我竟然有相同的興趣」。

而在對方推薦之後，你一定要馬上行動並傳達感想，主動地去創造共同點，必定能加深和對方的羈絆。

能增加三成的回應並讓人想著「和這個人聊天真是自在愉快」

在ＬＩＮＥ或日常的對話中，當對方回答你丟出的問題時，你都怎麼反應呢？好不容易對方有所回應了，你卻曾顯得無動於衷嗎？

如果常展現這樣的行為，對方肯定心想：「明明是你問我的，卻一副興趣缺缺的模樣」而心生不滿。

相反地，**如果給了熱情回應，對方會認為：「和這個人說話很舒服」、「這個人一向很耐心地傾聽」而能成功博得對方信賴。**

特別是透過ＬＩＮＥ，難以用聲音、表情、動作手勢來表現，因而不易傳達感情，適度地使用顏文字和表情符號會**比平時增加三成的反應，當感覺「可能過於誇張」時才是剛剛好。**

【NG反應】

對方：「興趣是到處吃美食吧」

自己：「是喔，了解」

↓你雖然想用力地同意對方說的話，但這樣隨聲附和的反應，用LINE卻很難傳達。

【OK反應】

對方：「興趣是到處吃美食吧」

自己：「吃美食嗎，好棒！我也很喜歡吃！無論是大分量餐點、還是甜點等的都很喜歡！」

↓像這樣的過度反應才能傳達出「十分贊同對方意見」的情緒。

另外，做反應的時候，運用像鸚鵡學說話一般的「回溯」（Backtracking）技巧，通常很有效。關於這一點，PART 6會詳細解說，這裡先簡單地介紹，主要就是指重複對方的話並給出「我對你的話很感興趣，正在認真聽」的訊號。

若想被喜歡，千萬不能脫口而出的話是什麼呢？

A「運氣好背喔！」

B「運氣有點不太好呢！」

想被喜歡的人喜歡，應該選擇前述哪種表達方式呢？

答案是B「運氣有點不太好呢！」。

為什麼這麼說呢？因為**人們在判斷事物的時候，很容易被放在前面提示的資訊所吸引。**

例如，LINE傳過來了「我最喜歡咖哩！」的訊息，明明聊的話題跟戀愛無關，卻被「最喜歡」這個詞嚇了一跳，你有過這樣的經歷嗎？這在心理學上稱為「促發效果」（Priming effect），像這樣，即使是在沒有關係的上下文中說出來的詞語也會影響對方的感情。因此，**比起使用「壞」這種消極言詞，盡可能使用「不太好」這類偏積極的詞彙，有助於提升自己的好感度。**

為什麼會被不讀不回？

先別提LINE沒有回覆了，訊息根本是連讀都不讀，「究竟是為什麼呢？」，在發生這種事時會很鬱悶吧。特別就在前幾天還愉快交談，突然就被忽略無視，還被冰了好一陣子，讓你開始胡思亂想：「該不會被封鎖了？還是被討厭了呢？」而導致心情低落。

然而，確實沒有人會對心儀對象不讀不回，要說是討厭對方所以不讀不回的話，也並非如此。

請冷靜想想，也許對方只是因為太忙而沒有時間看LINE、也可能是因為有了其他喜歡的人而轉移目標，總之，**並不是因為討厭你而忽略了你。**

與其把「不讀不回」和「被討厭」這兩個沒有因果關係的現象結合起來煩惱，不如認真思考傳送能讓對方「想早點回覆」的訊息更重要。

防止對方不讀不回的3個方法

會被不讀不回都有其背後緣由，事先了解原因並預防的話，就能提高持續對話的機率。

避免不讀不回的方法有以下3種，試著重讀自己傳送的訊息，檢查一下吧。

①內容通俗易懂

擔心會被不讀不回的人所發送的訊息，雖然都是絞盡腦汁寫下的內容，但其實有大部分文意難以理解。

你是否也傳送過這樣的訊息呢？

・落落長的一句話
・沒有換行
・標點太多或太少
・錯字很多

像這樣**不好解讀的訊息，即使是自己感興趣的話題，也必須要花點腦筋去理解。**因此，「不知道他／她想說什麼，算了……」就一直放著不讀。

另外，**打完字也不建議立馬發送訊息，應思考這些話是否能順暢地傳達給對方，反覆閱讀確認後再發送。**

②不要提出難以回答的問題

「難以回答的問題」也會導致對方不讀不回。

例如，你是否丟過以下提問？

・讓人無法回答的問題（「你覺得○○怎麼樣？」等等，回答方法多種多樣的問題）

・太過深入的問題（明明剛認識，卻硬要打聽過去的戀愛經驗等）

這類難以回答的問題，最好是在關係更進一步之後，或實際見面時提出。

初相識時，會猶豫到底要說出多少自己的事情，加上LINE很難傳達差異細微的語氣，打字傳訊息的手就會因此停住。

在關係變好之前，為了讓對方不需用腦袋思考也可以解決，留心提出的問題要以能用YES／NO回答以及能從兩個選項中選擇的為主。

能輕鬆回應的問題範例

自己：「昨天天氣真好耶～～你有去哪玩嗎？」

對方：「一直待在家呢！」

自己：「我也是！有打手遊或看漫畫嗎？」

對方：「我看了〇〇喔！」

自己：「這部很有趣吧！我也很喜歡！下次再細聊！」

③讓人有點躁動的問題

在LINE的對話中，聊天畫面顯示的最初兩句是勝負的關鍵。在關係變好後一直到能自在地用LINE對聊之前，如果不運用這兩句話讓對方心花怒放的話，就不會想點進訊息，被不讀不回的機率就會上升。

比如說，像這樣的感覺：

「早安～～，昨天工作很累吧？還好嗎？」

若關係不錯，這麼問也是OK，但若是剛認識，「要解釋為什麼工作會累的理由很麻煩」，很有可能會從快速一鍵已讀，最終轉而為不讀不回的局面。

「早安～～，其實是昨天從○○那裡聽說的。」

若是先丟出像這樣的問候**就能順利引發好奇：「咦？到底想問什麼？好在意後面還說了些什麼」而促使對方想要盡快點開訊息**，接著，以和剛才相同的句子：「聽說昨天工作很累？還好嗎？」接連發出訊息，產生的期待感就會完全不同。

另外，也沒有必要考慮聊什麼特別有趣的事。即使是相同的內容，也可以故意把關鍵字往後挪，比起事件，先寫下自己的感想和心情，這樣就能引發對方的興趣，避免被不讀不回。

這是一種利用了稱為**「蔡氏現象」（Zeigarnik effect）的技巧，指人們對於半途而廢的事情，有著「希望有始有終」的驅動力。**

我們都知道在動畫和電視劇中，發生什麼關鍵事件時都會被當成破口，以「下周待續」作結尾，這同樣是運用了此一心理技巧，刻意營造劇情發展呈現點到為止、留待下回見分曉的吸引力，所以下周觀眾們也一定會準時收看。

ＬＩＮＥ也相同，開頭只傳了這兩句話，因無法完整掌握內容，就可以促使對方產生「想知道後續」的心情。

運用不讀不回法則，提升自我的好感度

將**蔡氏現象的效果**和不讀不回巧妙地連結在一起，可以逆轉戀愛的力量平衡，創造出「被意中人喜歡」的局面。

重點就是要在對方未讀訊息的狀態下，先上床睡覺，然後於隔天早晨再回訊。

比起一天當中小聊幾次，若每天持續一次又一次地拉長LINE對話的時間，將有助於將對方的心也聊走。若讓對話在當天就結束了是很可惜的，倘使能將其巧妙轉變成未讀狀態的話，「蔡氏現象」的效應就會開始運作，「看來是沒有要馬上回訊息的樣子……」像這樣將你的事情放在心上的時間會增加許多。

因為掛心你的時間長度和好感度是成正比的，**對方就會在不知不覺中意識到你是「令人在乎的對象」**。

成功讓「無感」轉而為「心動」的回訊時機點

每次和人家LINE
都很想秒回
嚇！
這麼持續下去的話，戀愛只會提早終結!!
真的嗎!!

心理學上把穩定的關係稱為「適應」（Adaptation），但是處於這種狀態的男女通常只會止步於純友誼關係。若想進一步發展成戀愛，就要突破這個局面，而想**顛覆平時的例行相處，「動搖情感」**是很有效果的。

為此，在睡前製造出未讀狀態→隔天早上再回訊息的節奏，這若已成為固定習慣的話，再來就是隨機製造「回訊息日」和「不讀不回日」。

這麼做，對方就會在意：「咦？以前每天都傳LINE給我，今天怎麼安安靜靜的」而且，其實只是單純在意遲遲未回覆訊息，大腦卻會產生「因為抱有好感所以很在意」的錯覺。

利用這種錯覺，即使對方在那之前沒有將你視為戀愛對象，也會讓他／她意識到「嗯……總感到很在意那個誰」。

局勢也會演變成：**「我並非只有和你搞曖昧喔，同時也還有其他對象的」當站上戀愛力量的平衡木時，也會比對方更占優勢。**

只是，若是頻繁使用故意忽略對方ＬＩＮＥ訊息一整天的這一招，風險偏高，建議**每週一次即可**。

好感度驟降！錯誤的不讀不回法則

在熟練利用「不讀不回」技巧的基礎上，有一點是絕對要遵守的。

那就是「對方若傳來了遇到困難的訊息時，千萬避免不讀不回」。

這是因為人在遇到麻煩或難以回答的問題時，不管對方是多麼喜歡的人，也會陷入「超想不讀不回」的思考中。

但正因為平時是不論何種內容都會回覆的人，導致在回訊息前的那段空檔很容易就會促使對方在意：「奇怪，怎麼了嗎？」。

如果被想成是「不方便時就不想回ＬＩＮＥ」的人，更會讓對方吃驚：「居然無視我的訊息？真是自我中心」。

為了不讓好感度驟降，千萬別認為不讀不回訊息的這種行為不會冒犯到人，平時就要留意，避免因當下狀況不太湊巧就忽略回覆。

被已讀不回時的應對

發送訊息後，如果對方一直不讀的話，是不是會很在意：「咦……發生什麼事了嗎……」結果好不容易已讀後，卻又好幾天不回。一旦這種狀態持續，多數人通常會鑽牛角尖地認為「一定有哪裡怪怪的」，內心總有種不舒爽的感覺。

「已讀不回」分為下列三種類型：

①單純沒注意到
↓對方沒有注意到你已讀了。
②誤會
↓本打算繼續聊下去的，對方卻覺得「差不多聊完了」。
③想早點結束LINE的對話
↓因為某種理由，聊天時容易萌生更為強烈的負面情緒。

如果是「①單純沒注意到」或「②誤會」的話，在平時見面時確認一下就可以解決了。但是，若拿不出直接問對方的勇氣，或剛好無法馬上見面確認，也會有「③想早點結束LINE對話」的可能性。

遭遇前述狀況時，就用以下兩種方式來解決吧。

STEP1：創造重新LINE聊的「契機」

現在，你之所以煩惱於對方已讀不回，是因為找不到傳訊息的機會，而且，**就算是被已讀不回之後再創造契機，也不容易扳正局勢。**

此時推薦這句：「這麼說來，那件事怎麼樣了啊？」即使發了這樣的訊息也不會不自然，平時就應事先多準備一些「與工作有關的聯絡理由」。

每週播放的動畫、工作討論、借的書和DVD、被拜託「幫忙查資料」、「請教教我」等，平時就要備好些能成為交流契機的小手段。

如果是「①單純沒注意到」或「②誤會」的話，「啊，突然想到我忘記回覆了」，LINE聊就會復活了唷。

STEP 2 利用「睡眠者效應」（Sleeper effect）

如果在步驟1發送跟工作有關的聯繫，卻仍沒有反應的話，對方可能是「想早點結束和你的對話」。

只是，也別絕望，在下次聊LINE之前，先空出一個月左右的時間吧。

這是心理學上的交涉術之一：「睡眠者效應」。

「這個商品CP值很高，真的是很好用的東西」，當這麼向人推薦後，即使一開始懷抱「這人很可疑」、「感覺不可靠」的印象，但經過一個月左右，「不可靠」的記憶就會削弱，只有「高CP值」這樣的資訊會留在腦海裡。

一個月後，比起對你的負面印象，「前陣子，我不是提到了這部漫畫嗎」像這樣兩人之間的對話內容，就能被重啟為讓對方掛念的狀態。

若都這麼做了還是未收到回覆時，很遺憾地，只能斷然放棄。

但不需要太難過，「在考試結束之前沒有時間回訊」、「剛換了工作沒什麼時間跟你聊天」等，像這樣把不能回訊的理由告訴對方是應有的禮儀，若連這樣都做不到，沒有發展到交往階段其實反而更值得慶幸。

與珍惜你的人相遇，才是獲得幸福的第一步！

最好用的不讀／已讀不回對策是？

常來諮詢對方不讀或已讀不回的人很多，每次聽到此類煩惱時，我也十分難受。

只是，**「單方面依賴建立在LINE上的關係」原本就非常不可靠。**雖然站在對方的立場上考慮能立馬理解其難處，但對於生活中關係一向密切的人，你不覺得很難做到不讀或已讀不回嗎？

因為最可怕的是見面時會很尷尬，一般而言，我們會想一直維持彼此的友好互動，所以不會故意不回覆對方。

是以，若對方回得太慢或被無視時，建議暫時別再用ＬＩＮＥ聯繫，轉而專注於培養現實中的關係吧。

將ＬＩＮＥ與真實生活連結

即使好不容易聊得很開心，但如果就在ＬＩＮＥ上這麼結束的話，真正見面時可能會產生：「咦？和用ＬＩＮＥ聊的時候總覺得不太一樣」的落差，然後從此就不再有新發展。因此，當你和心儀對象能用ＬＩＮＥ聊得很起勁時，一定要丟出「下次見面繼續聊喔」的訊息，務必讓這樣的關係在現實生活中發展。

然而，應該也有不少人覺得**「若ＬＩＮＥ和現實生活中一直重複聊某些話題**

會讓人很厭煩吧」。

其實這是很大的誤解，那是因為你對他／她特別抱有好感，所以連用LINE聊的內容都能牢牢記住，但對方並沒有像你如此熱情，其實不會清楚記得聊天細節。

因此，不必勉強想出新話題，也不要過分介意，就用和LINE相同的話題來炒熱氣氛吧！

PART 4 總結

用LINE交流時，透過配合對方的訊息風格和回覆速度，就能產生親和感。

在單則訊息裏放入太多話題，會讓對方覺得「要回覆很麻煩」，一則訊息中想聊的事不要太多，集中單一話題即可。

比起開新的話題，盡可能地引出共同話題，能避開好感度下降的風險。另外，藉由掌握從共同話題中找出新共同點並延伸至下一個話題的「聯想遊戲式對話術」，就可以無限延伸地用LINE暢聊。

未讀對方的LINE而就寢，於隔天早晨再回覆的話，能夠提高好感度。

平時就準備好與工作有關的聯絡事項，即使被已讀不回，也能再恢復聊天的節奏。

「單方面地將關係建立在只用LINE交流上」其實不甚可靠，應該重視LINE和現實生活兩方面的交流，將話題串連在一起！

PART

5

要成為對方心中的「特別之人」，還有一項最推薦的心理技巧

你無法成為「特別之人」的理由

雖然試過PART 4介紹的LINE技巧，但總是自己主動丟對方訊息，而且即使在日常生活中見到面，對話也很難進一步聊到個人隱私。

在此一章節，將介紹我「最為推薦」的心理技巧，協助持續維持「純友誼」狀態的朋友們能一舉成為對方心中「特別的存在」。

為什麼兩人之間的關係無法有所進展呢？那是因為**無法很明確地滿足對方的「承認欲求」**。

承認欲求是指「想要被認可」、「想要被評價」的本能欲望。根據哈佛大學的實驗，**「訴說自己的意見和心情時（也就是自我表達的時候）」和「透過吃飯與金錢獲得滿足感的時候」，腦內處於活性化狀態的都是同一區塊。**

即使是認為「自己並非那種『喜歡討拍』的人」、或是看起來很老實保守的人，仍然會擁有和食慾及金錢欲望一樣的強烈承認欲求。明明沒什麼人在聽，某些人也會自顧自地說著自己的事，這種狀況在日常會話中占了四成，推特發文則占五成，很明顯地，無論是誰都有強烈的承認欲求。

正因如此，**人們才會對能讓自己暢所欲言的人敞開心扉，產生「和這個人一向無所不談，他對我來說很特別」的感情。**

據我所知，很多人沉迷於夜總會和男公關俱樂部，也是因為坐檯女郎和男公關能盡情滿足自我的承認欲求之故。

你缺乏了何種對方總是不回你LINE的特質呢？

我常收到「雖然會回訊息，但對方不曾主動丟我，為什麼會這樣呢？」的諮詢。

理由是**你錯過了對方「想大聊特聊某件事」的鋪陳。**

你有沒有因「正在和喜歡的人用LINE聊天」而感到興奮，於是只一味傳送自己想說的話過呢？或者，你是不是只注意「如何讓對方喜歡你」，對方講了些什麼你根本就心不在焉呢？

像這樣只惦記自己在意的事，會很容易漏接對方丟過來的球，對話搭不上線也不令人意外。

【NG範例】

自己：「昨天有去哪玩嗎？」

對方：「我去了△△的演唱會喔～」

自己：「是喔！跑去看演唱會呀！」

對方：「沒錯，△△演唱功力不用多說，**舞臺演出**真是非常厲害呢！」

自己：「是喔……」

對方：「還有搭配動畫的**橋段**，氣氛超嗨的！」

自己：「喔喔，什麼樣的**動畫**啊？」

你知道這段對話問題出在哪嗎？

最不該說出口的就是最後的回答，不建議說：「喔喔，什麼樣的動畫啊？」

而應該問：**「還有什麼樣特別的表演嗎？」才是正確的。**

對方所說「還有搭配動畫的橋段」這句話，並不是因為對動畫感興趣而提及，是作為舞臺演出的話題之一來談論動畫，因此，對方想聊的主要內容是關於演唱會和舞臺演出本身。

因而若在此刻詢問關於動畫問題的話，就會偏離對方想分享的主題而使其產生：「這人還真難聊」的感受，甚至會認為從這裡特意再接續回到自己想說的話題也會很累，導致對方興致缺缺，對話也就無法持續。

事實上，任何人都有機會和喜歡的人聊天，如果能從話語中洞悉對方最想聊的事並以此開展話題的話，會讓人覺得和你說話很愉快，**平時並非沒有機會，而是自己白白浪費了機會。**

【OK範例】

自己：「昨天有去哪玩嗎？」

對方：「我去了△△的演唱會喔～」

自己：「哇！真好啊！」

對方：「沒錯，△△演唱功力不用多說，**舞臺演出**真是非常厲害呢！」
自己：「是喔！**演出有搭配什麼特效嗎？**」
對方：「有搭配動畫的**橋段**，氣氛超嗨的！」
自己：「**其他呢？還有哪些厲害的呢？**」

顯現出對對方的話題有興趣，也就是擴展對方最想聊的舞臺演出話題。當他在和你的對話中積累了「講了很多自己想分享的事」、「聊得很熱烈很開心」的經驗，之後在關於△△和演唱會的話題出現時，就會萌生你是對這件事感興趣的聽眾而主動來聯繫你的想法。

好好地撿起對方拋過來的機會球並扔回去，不僅可以讓對話持續較久，還可以延續形成下次聊天的契機。

若無法繼續對話就沒有意義了

根據德國心理學家耶賓浩斯（Hermann Ebbinghaus）的研究，人的記憶消逝速度：

- 20分鐘後忘記42％
- 1小時後忘記56％
- 1天後忘記74％
- 1個月後忘記79％

可見，LINE和實際相處**不管有多開心，只要一個小時就可以從記憶中消失將近一半以上。**

因為你有「為對方付出」的意識所以時刻牢記，但因為接受的一方是被動的，所以無法如你般地謹記於心。

正因為如此，「之前氣氛都很好，今天就不用那麼努力了」而放鬆是不行的。如果想讓對方覺得**「我想一直和你在一起」，就必須要有一天24小時，持續**

365天以對方為主角來互動的幹勁。

無法聊得熱烈的原因是「準備不足」

如果要以對方為主進行互動，就必須觀察對方的話語和動作。

因此，若當下才開始想「要問什麼樣的問題」，大腦馬上就會負載過量，無法留意到對方想聊的話題。

為了避免這種狀況發生，需事先做好準備。如果預先備好各式話題，或預測對方會有的回答，就能幫助**將心力只集中在眼前的人身上，也能急遽拉抬開心的聊天氣氛。**

例如，新話題開聊時，請先想像一下「如果問了這個問題，有興趣的話會得到這樣的回答，沒有興趣的話應該會得到這樣的回答」。

自己：「這麼說來，你喜歡看動畫嗎？」

對方：「看呀！『○○○○○』之類的動畫我都哭得很厲害。」
↓對方非常喜歡動畫，要繼續這個話題。

對方：「啊，不怎麼看耶」
對方：「動畫呀，喜歡的人似乎很多呢！」
↓對方對動畫沒興趣或討厭，此時就要變更其他話題。

像這樣事先演練一下，就不會漏接對方的傳球，**「如果氣氛不好怎麼辦」這樣的不安心情也會和緩許多**，事先準備都是好的，建議多多嘗試！

終極推薦是「祕密共享」

能將至今為止積累的好感度和親密度一口氣轉換到「接近戀人」的最後一步，就是祕密共享。

不論是誰都有難以和別人傾訴的「祕密」……
若是能與對方坦誠相見彼此關係就能升溫……
快告訴我你羞於說出口的祕密!!
別那麼直接阿?!

如果能從對方口中聽到**連和朋友都不能說的令人害羞祕密**的話，大腦就會感到十分驚慌，想著：「明明不是那麼親近的人，卻跟我分享了祕密！」。

接著，「認知失調」（Cognitive dissonance）就發生了，「這個人一定是特別的人，所以才把祕密全盤托出」，為了合理化這件事，會更加深彼此的親密度，而拿來**作為令人害羞祕密的具體主題最有效果的即為「過往的戀愛經驗」**。

- 分手的理由
- 被狠狠給甩了的經驗
- 對方是控制狂、跟蹤狂、家庭暴力等深入的話題美國一所大學曾調查能夠長相廝守伴侶的相處祕訣，結果發現，**越是聊一些平時難以開口話題的伴侶，關係越能長久延續**，反之，時常談論的均是一些無可非議話題的戀人們，感情也會終結得很快。從這個調查也可得知，**互相傾訴不可告人的祕密，可以提升親密度。**

引導對方說出祕密的關鍵詞

「要問出令人害羞的祕密，我絕對做不到啦！」一定有人會這麼想吧。確實，如果要刨根究底問出過往戀愛經驗的話，對方會有所警戒。

因此，首先要做的是**需把自己不能告訴別人的祕密說出來**，運用「互惠規範」（Norm of reciprocity）此一心理技巧，試著公開一些自己隱蔽不為人知的情事。

而「怎麼也拿不出勇氣」的人，請試著使用下列的殺手鐧。

「雖然有點不好意思說出口，但能讓我直白地分享嗎？」

這是一種在說出「不好意思」這類開場白之前，先將自己的姿態放低，讓對方占優勢，用以解除其警戒的心理誘導技巧，當對方處於敞開心扉的狀態，接受我方提問和請求的機率就會變高。

PART 5 總結

人們會對能讓自己暢所欲言的人敞開心扉，產生「和這個人總是無所不談，他對我來說很特別」的情感。不要光只讓對方奉陪你自己想說的話題，而是要留意對方「想聊某件事」時釋放出的訊號。

一邊思考著「要問什麼樣的問題呢？」、一邊聊天的話，對方想說的話容易充耳不聞，聊天氣氛也就無法熱烈起來。為了只將注意力集中在眼前的人身上，事先充分地預備好一些讓對方有參與感的問題吧！

藉由「祕密共享」，可以瞬間提高親密度。首先，由自己說出祕密後，再引導對方分享他的祕密。另外，如果用「實在有點不好意思」這句話當開場白，有助於卸除對方的警戒心，使之願意坦誠相見。

PART

6

注入勇氣，讓對方按照你的想法行動的腦科學約會術

關於約會的3個誤解

在此一章節，我們將從難以拒絕的約會邀請開始介紹，其他如地點選擇、約會結束時的互動等用得上的技巧也會一一說明。

只是，在此之前想先確認一下你對約會的想法，因為有許多人在聽了諮詢者們的經驗後，反而將約會神格化了，這可是大大的誤解。

【①兩情不相悅就不能約會】

如果認為「非兩情相悅就不算是約會」、「如果不是最喜歡的對象就不赴約」，甚至有「在喜歡的人眼中，我不夠格與他約會」的想法，自己主動提高約會門檻。

若真如前所述，加上你又不拿出勇氣的話，那真的會一生都和約會無緣。

【②必須講出「和我約會吧」的邀請】

有人認為必須得說出像這樣的邀請：「請你和我約會吧」這也是錯誤的，只要是兩個人約好一起去玩的話，從結果來看，這就是約會。

【③並非單獨兩個人，因而不能稱之為約會】

如果覺得兩人單獨約會難度很高的話，也可以先邀請對方與一大群人一起去玩。一群人出遊也是一種很棒的約會形式，若能因此讓感情升溫的話，當要邀請對方單獨約會時就會容易許多。

應先製造兩人共處的時間

「突然發出約會邀請，若被拒絕的話肯定崩潰」、「還沒有自信成為對對方來說特別的人」，像這種消極的人絕對不能就在這裡止步不前。**為了讓關係進展清單能一項一項打勾，先快快行動起來吧！**

下列所示的情況**比起邀請對方約會的難度低很多，重點是創造出兩人獨處的**

讀懂「可以約我喔」的心動訊號

機會。

・兩人一起工作或寫作業

・兩人從學校或公司一起回家

像這樣從很小的步驟開始執行的話，大腦的「依核」（Nucleus accumbens）這個部位會被刺激而分泌出「多巴胺」，進入被稱為「勞動興奮」的狀態。幹勁開關啟動後，也會隨之醞釀出邁向下一步——也就是「兩人單獨約會」的氣勢。

首先，根據LINE對話的發展來判斷，試著邀請對方說：「我想繼續聊○○，一起回去好嗎？」。

之後，如果對方覺得「兩個人單獨見面是OK的」、「也聊得很開心」的話，很有可能會同意你發出的外出約會邀請。

「邀約被拒絕的話，我會覺得很丟臉、也不敢再用LINE和他／她聊天了。如果能有約對方也一概不會被拒絕的心動訊號就好了……」

有這種想法的人可以提出下列的小小請託做為測試。

「你要去便利商店嗎？方便的話，可以順帶幫我買○○嗎？」

「之前提過的那篇報導我怎麼也找不著，你還留著網址嗎？」

若是這種輕鬆、也非什麼太特別的請求，通常都不會被拒絕。這裡想提醒的是，**這麼做應該在意的不是結果，而是「回應方式」**。

雖說是小小的請求，但也需要費一點心思，所以若對方爽快地回應：「好啊！」那就可以認定他是因為「被託付了、想幫上忙而感到開心」。當對方能接受這次的小請託，下次就再拜託更加麻煩的事，漸漸拉高請託幫忙的難度，最後再試著提出約會邀請吧。

然而，根據對方的個性差異，也有可能會是屬於「不擅長拒絕的類型，單純是禮貌性幫個忙」，而當他／她也同樣這麼接受別人請求的話，很明顯地，心動訊號並未為你開啟。

如果仍然很難自然地邀約對方的話，可以一邊使用PART 4提及的LINE技巧、PART 5所介紹的以對方為話題主角的交流方法，一邊再稍微觀察一下情況吧。

明明已晉階為「特別之人」，約對方卻被打槍的理由

在晉級為「特別之人」後，通常會有：「太棒了，這表示下次就能一起約會了！」的想望，能這麼順利的話任誰都會很興奮，並幹勁十足地調查各種約會地點，還自信滿滿地邀約對方，卻不知為何被拒絕了……是不是很常聽到這樣的情況呢？

那是因為從初識到告白成功的過程中，你**只將約會這件事抽出來另外考慮**。

通常，你是如何和喜歡的人成為彼此的「特別之人」呢？

若「促進彼此更深入地了解共同興趣」的這一件事對你們來說是很特別的，建議前往與此有關的場所約會，例如，共同興趣都是喜愛動漫，那就邀請對方參加相關活

動或去逛動漫主題商店等等，安排這種行程一點也不會顯得過於刻意。

或者，如果對方給予你「是公司同期中最好聊的」評價，試試像這樣邀請：「用LINE很難聊得暢快，下次邊吃飯邊聊，如何？」如此要被拒絕也難。

而一想到「自己終於成為對他／她來說很特別之人」，就毫不考慮約會地點的適切性，一心認為對方肯定會欣然接受，這絕對是失敗的關鍵。

從對方注意到自己的存在↓因為共通話題而讓關係變好↓再成為了更特別的存在，按照這樣的發展卻因邀約方式出了差錯，好不容易製造出的一系列安排就會瓦解，反倒會拉開和對方之間的距離。

自己：「好不容易一起約會，應該去像這樣的主題公園和遊樂園。」

對方：「明明是希望約會能開心地聊彼此都熱衷的興趣，為什麼要約去水族館啊？」

「本以為是可靠的商量對象，為什麼突然約去迪士尼玩？」

也就是說，**即使你覺得「只要是約會，去哪裡應該都很開心」，但對方還是會有「如果是為了共同興趣而外出或吃飯的話，就赴約吧」**這樣的感受，因此，約會地點若是前往充滿粉紅泡泡的場所會很唐突，也會促使對方懷抱著「和想像中的不一樣……」的戒心。

能確實讓對方答應約會的邀請法

大腦在決定事情的時候，需要故事，所謂故事，用其他的詞來說就是「辯解」。

最後一班電車開走了……
也沒辦法啊，都沒車了嘛
呃?!
呵呵，那裡正上演說著老派藉口的一幕！

例如，很常聽到想一起過夜的女性說：「末班車開走了，也不是我願意的……」即使是真心想留宿，一旦說出口就容易被人想成是舉止隨便的女性，所以才會使用「搭不到末班車」這樣的藉口。

因此，擅長把女性帶回家的男性都會故意裝作沒注意到末班車時間，而為對方準備了「本來不打算過夜的，但末班車已經開走了」的託辭，幫助對方做出「只好在這裡過夜」的決定。

大腦通常會傾向選擇輕鬆的思考，所以想從「要住下來也不能由自己說出口」、「猶豫要不要回家」這樣的壓力中解放出來，上述的藉口馬上就會脫口而出。

再者，人通常會認定自己的決斷是正確的，因此，能站得住腳的**藉口不要只有一個，應多預備幾個**才能讓對方同意的機率瞬間上升。

【說法舉例】

發出邀請的說法有以下幾種：

・是對方原本就想去的地方

可以藉口說：「因為很久以前就想去看看了」。

・共同的愛好

可以藉口說：「是我們兩人都喜歡的△△」。

・共同的事情
可以說：「因為碰巧兩個人都有需要辦的事情」。
・剛好都有空閒
可以說：「碰巧兩個人都有空，能喬出時間。」然而這麼說的話會被吐槽：「光是有空，兩人也不一定非得一起去吧」此時請綜合運用幾個理由：「因為是很久以前就想去的地方，問了之後剛好那天也有空的」。

成功第二次約會的邀請法

第一次成功約會，想約第二次時卻被拒絕，這也是經常來向我諮詢的煩惱之一。

此時，很多人會根據約會中的行為和說過的話來尋找原因，比如「約會時，發生什麼事所以被討厭了呢？」、「那個時候若不那樣說話就好了」。

但是，**實際上原因大部分都是發生在「第一次邀約的時候」**。

例如，你是否曾用過這樣的邀約說法呢？

「我有想去逛逛的店，一起去吧！」

「我想看那部電影，陪我去～～」

這麼提出邀請，想去的地方、店家、想辦的事、想參加的活動，等於單純在實現你自己的願望而已，於是對方以「被動式赴約」的心態回應：「你想去，那就去吧」導致很難讓對方覺得「好開心唷！下次也想再和這個人出去」。

有鑑於此，如果希望能再次成功邀約對方的話，從第一次約會就開始按照「交往時，對方想做的事情」的流程進行，比方說，試著用這樣的措辭來發出邀請吧：

「你有什麼想去的地方嗎？」

「你之前說喜歡〇〇，你參加過他舉辦的活動嗎？」

若這麼問，就能瞭解對方的想望：

「想去新大久保！心心念念很久了，而且我從來沒吃過那家名店的起司熱狗堡。」

「之前都是因為朋友沒空，沒能去成呢！」

此時自然順勢地邀請對方「那我們一起去吧」，積極製造能讓心儀對象享受其中並能引出他「下次還想約會」的心情！

初次約會應選擇約在「餐廳」的理由

雖然一直有共同話題，但卻很難進展到約會階段，此時……

「最近有發現什麼想去的店嗎？」

「你喜歡吃哪一種料理呢？」

利用像這樣的對話，試著邀請對方一起用餐約會吧。

電影約會雖也不錯，但「能聊天」是用餐約會的優點，可以說些在LINE

上無法深聊的話題，促進彼此了解。

而且，**人們會把吃飯帶來的快樂視為來自於和眼前的人聊天獲得的快樂**，約會適合以用餐為主題也有這樣緣由。

約會前只要○○，就能完全放鬆地迎接當天到來

若期盼約會不要橫生枝節、也為了能順利抵達約會地點，建議事先前往場勘，預習一下，需要確認的是：

- 從碰頭的車站到店裡會經過哪一條路線，需要幾分鐘？
- 如果那家店沒有營業的話，附近有可以替代的店嗎？

在不習慣的地方，不安及緊張感會比平時更為強烈，無法充分發揮實力，這從足球比賽中，客場勝率比主場低這一點就可以證實。一旦緊張，大腦內能

幫助減壓的「預設模式網絡」（Default mode network，DMN）所帶來的靈感神經迴路運作就會下降。

難得有機會和喜歡的人單獨聊天，卻想不出合適的話題，或是因為緊張而做出奇怪的舉動，這一場差不多就這麼宣告落幕了。

另外，約會時也有可能會伴隨著意想不到的事態。

特別當男性遇到了「店休日卻沒有預告」、「想吃的菜賣完了」等**這類始料未及的事時，不慌張又能冷靜應對的話，對方會認為你超級可靠。**

從進化生物學的理論來看，即使出現障礙（Handicap），也能堂堂正正行動的雄性就會雀屏中選。

未雨綢繆可以將突發事件引起的波瀾控制在最小限度，冷靜處理反而會更受喜愛。好好準備，將危機化為轉機吧！

約會前喝紅茶很有幫助的兩個理由

在約會前
先喝杯紅茶的話
可以讓約會
順利進行

喝過頭了吧!!
好飽

即使預做準備也無法消除不安……，像這樣的人建議在約會前5分鐘先喝杯紅茶，見面前，可以提早抵達約會地點，在咖啡廳或自動販賣機投幣買杯紅茶，然後再調整心情準備和對方見面。

腦科學的實驗曾證實關於飲用紅茶的效果，該實驗讓參與的20～30歲男女分別喝下咖啡／紅茶／能量飲料／水，過了5分鐘後，開始回答計算和記憶問題，接著，對大腦運作、自律神經、心理狀態進行調查，發現在這4種飲料中，紅茶具有絕佳效果，如下所示：

【①防止不安和緊張感的增強】

喝紅茶**可以調整自律神經的平衡，防止過度緊張**，同時，也有**提高活力、生機、歡欣雀躍、幸福感的效果**，緩和焦慮緊張後，就能愉快地享受約會。

【②提高溝通力】

紅茶有**促進大腦血液循環、活化腦機能，提高交流能力的效果**，特別是在進行需**「長時間對話」的時候，成效特別顯著**。

此外，紅茶還具有維持注意力、集中力及**提高「工作記憶」（Working Memory）能力的效用**。「工作記憶」簡單來說就是從記憶的抽屜裏選出必要的記憶，是對判斷和行動有幫助的大腦運作。

如果用紅茶活化「工作記憶」的話，約會時就能在彈指之間找到可以炒熱氣氛的話題。

仍緊張不已的話就帶上胃藥吧

約會前感到不安、緊張到想吐、還擔心約會時鬧肚子疼……。若從前一天開始就一直處於忐忑不安狀態，建議隨身攜帶胃藥作為護身符。

「胃藥=隨身護身符，這樣就能安心了」這種想法乍看似乎不太科學，其實這被稱為「安慰劑效應」（Placebo effect），確實具備心理學上的效果。

安慰劑是一種偽藥，即使是沒有效果的假藥，只要堅信「喝下去就會恢復元氣」，大腦就會分泌多巴胺，刺激腦內的酬賞系統（Reward system），讓人變得有精神起來。

開心程度要根據對方情緒微調

一般都認為「約會時當然是越嗨越好」，但若你的情緒太嗨，會讓對方感到困惑。就像在PART 3所說，為了避免自己的好感度瞬降，配合對方情緒是十分關鍵的。

然而，難得的約會還是會想要開心地度過吧。

此時可以怎麼做呢？請試著展現比對方多一點的笑顏，表現得更開朗一些。**依據對方情緒微調你的笑容和陽光意象，如此一來對方也會受你的情緒渲染，氛圍會明亮起來，心情也會變好。**

這是利用腦中稱為「鏡像神經元」（Mirror neuron）**的神經細胞來產生誘導作用的技巧**，這種神經細胞也被稱為「模仿神經元」，透過模仿舞蹈來記憶動作等的時候更是活躍，是連表情變化也能很敏感地捕捉到的。

如果對方展現笑容，自己也會開心地自然露出笑容，反之，若氣氛詭異，總覺得能感同身受不愉快的心情，這都是因為鏡像神經元的作用。

選擇情侶很多的店家

哪怕只有一點點也好，好想讓兩人的相處更往戀愛模式靠近，但如果明目張膽地表現是會被討厭的。能幫助解決這種煩惱的是：選擇情侶喜歡拜訪的店家，或選擇情侶能進入你們視野的座位。

前面說過溫度、天氣、音樂等外界因素會影響對人的好感度，同樣地，**眼前若有戀人們在放閃，就會萌生「談戀愛好幸福」的潛在意識。**

有時要去哪家店會是對方決定的、碰巧店內人多的話也很難指定座位，但若可以選擇，請一定要好好利用這個技巧。

LINE聊時很能炒熱氣氛的才是必聊亮點話題

大家都很常煩惱約會要聊些什麼才好，其實用和LINE聊天相同的話題就可以了。比起開了沒有共鳴的新話題，**從LINE聊天時最有趣的部分聊起，好感度就不會有降低的風險。**

反覆地說：「那個真的很好笑」關於自己在意的點就提出：「我可以再問得詳細一點嗎？」用這樣的方式深掘並了解對方吧！

從對方聊過的話題來延伸

截至目前為止，對方提過的電視節目、動畫、電影、書籍、店家、話題景點等都要記下來。約會的時候如果說：「對了，我看了那部電影囉」而延伸出話題，有助於讓對方留下好印象。

記住對方約會時點過的飲料和食物，當下次對方又點了一樣的東西時，說出：「之前也點過一樣的料理，是不是很喜歡吃這一道呢？」這樣能讓對方發現「你很在乎他／她」。

與自己意見相左時，絕對不要否定對方

即使是完全沒有興趣的話題也不能否定對方！
好的
好的
好的
肯定才是王道！
好的
好的
好的
好的

當兩個人需要一起相處一段不算短的時間時，很有可能會聊到自己完全不感興趣的話題，也會發現對方的意見和想法與自己差距頗大。

但是，**絕對不可出言否定**。

被否定時不會有人感到高興。表面上雖說：「的確每個人都有各式各樣的想法呢！」但內心卻會覺得「和這個人聊天真讓人感到不快」而關上心門。

要想讓對方覺得「我想一直和這個人在一起」，就必須要讓對方知道「這個人總是贊同我的想法」。

此時確實有效的是將「尋跡」（Backtracking）和提問結合的心理技巧。

首先，**透過鸚鵡學舌對方說的單詞，來表明「我在認真聽你說話喔」，接著加上5W2H（為什麼＝Why／什麼＝What／什麼時候＝When／在哪裡＝Where／誰＝Who／怎麼做＝How／多少＝How much）的問題**，這麼做就能避免不經意地否定對方，而能縮短彼此內心距離。

使用這個技巧時，即使對拍照完全沒有興趣，也能愉快地繼續交談喔，例如：

對方：「最近迷上了拍照呢！」

自己：「迷上拍照呀！你都拍些什麼樣的照片呢？」

對方：「大多拍些食物照囉」

自己：「很常拍食物啊！那你比較常拍外食、還是自己做的料理呢？」

對方：「常拍的都是外食呀，雖然會自己做飯，但看起來……不是那種可以見人的長相啦！」

自己：「無法公開的料理呀，那至今為止交往過的男友讚美過的是什麼菜呢？」

第2次約會的邀請在用餐時提出成功率極高

想要實現第二次約會就在第一次約會用餐中問出口吧。

心理學中有一個稱為「午餐技巧」（Luncheon technique）的用語，這是指和對方邊吃飯邊談判的技巧，能夠幫助當下的對話提升正面積極的印象。並且，因為「想好好享受用餐時光」這樣的想法，在無意識中就會避免對立，所以也更容易接受請求。

不論再怎麼愉快，約會時間要控制在2小時

「難能可貴的約會，卻只能相處兩個小時？搞什麼鬼！」也許有人會很傻眼。

但是，越是有這種傾向的人，約會還是2小時左右就結束會比較好。

從大多數第一次約會時間的相關資料來看，一般都是在3～5個小時內結束，所以會覺得2個小時稍微短了些，但是，希望你這麼做是具備充分理由的。

第一次約會最不應該做的事就是在情緒低落的狀態下分開。正如「結局好的話一切都會好」這句話所說，人會在最後的記憶中留下最深刻的印象，這被稱為「峰終定律」（Peak-End Rule）。與此同理，即使到中途為止都還是讓你感到超級無聊的電影，若在最後給你滿滿感動，你也會改口說出「真的非常好看！」的感想。

另外，能增強約會滿足情緒的是「還有很多想說的話」、「想知道更多對方的事」這樣的意猶未盡感。

在聊得很起勁的時候，自己主動說「差不多該回去了吧」是很需要勇氣的，但是用餐約會的話就不用擔心了，巧妙利用店員來收拾餐具這種外在促因，便可以自然地說「也差不多該走了……」。

分開時送給對方一個小禮物吧

這也是活用「峰終定律」的技巧。

「第一次約會就送禮物嗎？會被覺得太熱情吧」

也許很多人都有這種疑惑，但說得極端一點，即便準備的是簡單的幾顆糖果也可以。將小點心、鑰匙圈、手帕等百元左右的小禮物於道別時送出，這樣可以讓對方留下**「最後還收到了小驚喜，真是一次愉快約會！」的印象。**

約會後傳LINE給對方的方法

約會後的道謝訊息就由邀請方的你主動發送吧。

該留意的是，約會順利結束後會有安心感和興奮感，所以平時知道不該以自我為中心發送的LINE，反而會在未經深思熟慮之下就傳出去。藉由傳送道謝訊息，既有能和對方更進一步發展成戀愛關係的情況，也有一下子就冷卻下來的可能，因此，道謝訊息非常重要。

在此要提醒大家傳送道謝話語時應留意的時間點及訊息內容的要點。

【①注意事項】

・不要太沉重

稍後會詳細說明，最多傳送三句話即可。

・不要忘記這是從約會前就開始的雙方對話互動的延伸

在傳訊之前，請先瀏覽一下之前的對話再發送，並先順理約會後仍很興奮的心情，有助於讓自己冷靜下來。

【②時間點應在睡覺前或隔天早晨】

約會後，不僅是自己，對方也可能懷抱和以往不一樣的情感。**約會後的感謝訊息，從正面意義來看，可以幫助對方和自己重置心情，同時也可以維持已拉近的距離和好感度。**

若在情緒高漲的狀態下傳ＬＩＮＥ，很有可能不小心毀掉好不容易經營起來的關係，因此，請在約會結束的幾個小時後、睡前或第二天早上再發送。

但若兩天以上都未聯繫的話，容易造成對方不安，「是否玩得不開心呢？還是對我沒興趣？」而影響對約會的印象，若演變至此，效果反而不佳，所以最晚隔天一定要將訊息傳送出去。

【③內容重點】

我想很多人都會煩惱應該發送什麼樣的內容，因此我來傳授大家萬無一失的

LINE訊息。

以**「感謝+約會中的具體亮點+期待下次」**的構成來發送吧。

這麼做不至於過度誇張，也能向對方傳達適當的謝意和好感。

甚者，即使過程中未能約定下次約會，也可以順其自然地發出邀約，而如果早已經約好的話，能順帶提醒並有助於提高期待感。

第2次約會若是看電影能提升想戀愛的情緒

第二次約會推薦電影約會，雖然比起用餐更減少了聊天機會，但看電影擁有3個能自然地提高彼此親密度的好處。

【①戀愛電影能營造出想戀愛的氛圍】

雖然也有人認為戀愛電影會呈現出價值觀的差異，最好避免，但我認為要依據對方特質而定。

「最近不太看戀愛片，哪一部比較受歡迎呢？」
「那部戀愛電影好像很夯，你看了嗎？」

當對方丟出相關話題時，一定要抓住這個機會。

因為**戀愛電影屬於單單只是一同觀賞就能促使「想戀愛」的心情高漲起來的外部因素之一**。當戀愛氣氛洋溢時，身旁的你一旦進入對方視野，就能無意識地讓對方察覺到你就是他／她的戀愛對象。

此種效果是戀愛電影限定，如果無法一起觀賞戀愛電影，那再一次進行用餐約會也無不妥。

【②因「斯汀澤現象」而拉近親密度】

心理距離和物理距離是成正比的，很多人都聽說過**「約會的時候並排而坐」**的說法吧，這是在戀愛中應用了「斯汀澤現象」（Stinzer），是指在會議等座位安排上會帶給對方不同變化及印象的效應。

‧相對而坐——緊張感高漲，容易發生衝突
‧相鄰而坐——容易成為夥伴
‧與對方斜坐——緩和緊張感，削弱衝突，容易變得親近

想要更加親近的話，一般稱為諮詢位置的「斜坐」雖然也沒問題，但**若想發展成戀愛關係，最能拉近距離的「相鄰而坐」則是最優的**。

一般而言，人都會形成「再靠近就不舒服了」的個人空間，與朋友的距離約45公分，戀人則能近到15公分左右，並排坐的話，自然會踏入如同朋友相處的個人空間，而能讓對方大腦產生錯覺——「靠這麼近代表著心的距離也很近」。

但是，一間店內若同時備有相鄰而坐的吧檯座位、包廂、半開放式包廂的情侶座位，無形中的戀愛企圖太明顯可能會加深對方的防備心，有鑑於此，約會若是去看電影，並排而坐就會自然發生，用若無其事的舉止加深親密度才是最高招的！

【③可利用黑暗效應】

利用黑暗場所縮短男女間的距離而促使產生戀愛情感，這稱為「黑暗效應」（Dark Effect）。

在美國進行過一場實驗，受驗的男女分成兩組進入明亮和黑暗的房間，接著調查彼此相處的進展，發現相較於明亮房間的男女只是單純持續著順暢的對話，黑暗房間內的男女則靠得很近、有更多的身體接觸，對話的內容也更加深入。這是因為在黑暗中，有助於隱藏臉部，彼此就不那麼在意自己和對方的表情，而能深入交談。

因此，**在約會三次之後，建議選擇光線昏暗、能朦朧地看見彼此的店裡約會。**

PART 6 總結

若「沒有突然邀請對方約會的自信」，可以透過兩人一起完成工作或任務，或相約從學校、公司一起回家等，從創造倆人獨處的時間開始。

第一次約會選擇「用餐」才是王道，除了能享受愉快的聊天樂趣之外，人們還傾向於將用餐的幸福感當做是和眼前對象聊天而產生的幸福感。

約會前一定要先場勘，藉由預先場勘，約會當天就能免於緊張並能輕鬆應對，另外，也能冷靜地化解預想之外的突發狀況。

約會時的話題同樣能從兩人之前在LINE上熱烈討論的話題亮點來做延伸。此外，將對方曾提過的事作為話題能幫助營造好印象，因此平時就要記得將對方提及的電影、書籍、店家資訊記錄下來。

不管氣氛多麼熱烈，約會時間要控制在2小時左右結束，留下「意猶未盡」的餘韻，以利提高約會的喜悅感。

PART

7

教你看穿自己有無機會並成功「告白」的方法

從「無感」到「心動」，很容易就能達成

此一章節，我們將透過觀察來洞悉對方的心意，並介紹「讓對方情不自禁說YES」的告白技巧。

當約會一路順遂之時，就差不多該進入最終的「告白」階段了。

只是，可能有人會在進入告白階段之前思忖著：「自己並非對方喜歡的類型，肯定失敗的吧」而放棄。

但是，**你所認為的心動與否，實際上很有可能誤判**。我們來看一下關於此主題的有趣研究。

此研究針對英國最大交友網站的其中三千六百位男女會員進行分析，共有98％的人表示「實際交往、感受到魅力的人」和「心中理想類型」不同。也就是說，幾乎所有人都能很輕易地改變自己的理想對象。

而桃花朵朵開的人對此一向很有經驗，也很擅長採取將無感轉而為心動的行動。

不管是誰，一開始都應該是從無感開始的，心動與否並非那麼絕對，並且出

乎意料地能夠簡單扭轉。

不透露愛意，也能確認對方心意的6個重點

觀察無意識時
會有的姿勢以及措辭
在不被發現釋放
好感的情況下
試探對方!!
懂了
懂了
盯……

「經常對上眼」、「對我很溫柔」、「LINE回得很快」之類的「心動跡象」，都是從對方的反應來判斷的，然而，這些被對方的癖好和習慣所左右的部分很多，其實很難模式化。

多次約會後，也知道對方很多較私密的煩惱，覺得進展得很順利，但告白之後，對方卻以「我沒有想要更進一步的意思」而拒絕，這表示你一直以來都囫圇吞棗這些錯誤

的心動訊號。

說起來，有些人很習慣即使不覺有趣也會陪笑、即使沒有好感也會有禮親切地待人。當人有意識地展現某一面且特意隱藏真心時，很有可能出現不加考慮就行動的情況，像這樣就更難讀懂其心。

此時，從無意識中顯露出來的表情、動作和遣詞用語透露出的真心，藉由心理學就能窺探一二。

重點是平時就要留意觀察，對方在與自己對話的時候**確認「和平時有何不同」**。若是抱有好感，就會展現出與平時不一樣的變化。雖然眉毛的上揚方式也經常被用來作為判斷的方法，但是不多觀察的話其實很難分辨，因此，這裡想要介紹初學者也能立馬判別的技巧。

觀察舉止和遣詞用句的最大好處就是**能避免一不留神就暴露出自己的愛意，並能瞭解對方的真心**，更可以在「還不具備告白的自信」、「約會或告白前，在不被對方發現的狀況下確認他的心意」這些狀況中活用。

順帶一提，就算對方完全不心動也別太快沮喪或放棄，以此為契機，將絕望翻轉為希望吧！

【①眨眼】

據說「心動時眨眼次數會偏多」，但是，眨眼頻率因人而異，留意確認**「和平時相比有何差異」**。

【②對視時間長短】

人們常說「如果對方很常盯著你眼睛看，就表示對你有意思」，這部分同樣因人而異。也會有「單純是朋友時還能看著對方眼睛說話，但若是愛慕對象就會害羞地移開視線」這種狀況，和眨眼一樣，多多留意確認**「和平時相比有何差異」**。

【③腳尖方向】

試著確認一下讓你暈船的對象的腳尖是否朝向自己。不僅是和自己說話的時候，也請注意自己在和別人說話時的腳尖方向。**人會在無意識中讓腳尖朝向自己在意的人**。在喜歡的人面前，即使能裝作若無其事並隱藏愛意，也會很介意心儀之人和別人說話，不知不覺地就會將腳尖朝向他／她。

我在「人狼遊戲」中真實觀察到這件事，這是一款要看穿所有參加者中有多人撒謊的桌遊，不過，因為狼人們互相知道彼此「撒謊」，所以越是初學者，腳尖就越會朝向同為狼人的夥伴。這是很容易察覺的特性，所以當大堆頭聚在一起聊天時，記得留意喔。

【④聲音的音調】

心理學的實驗表明，男女都會在喜歡的人面前降低說話音調，而當情緒高漲時音調不自覺就會拉高。

因此，**在喜歡的人面前，音調的上升下降容易產生明顯落差**，約會時，如果對方持續用穩定的音調說話，表示他／她對你毫無悸動感。

【⑤說話經常修飾】

「雖不是說很絕對……」、「如果討厭的話，拒絕我也沒關係」

像這樣經常使用辯白或藉口一類的修飾言詞，表示對方十分在乎你的可能性很高，而將**「不想被討厭」、「不想被誤解」的心思透過遣詞用字小心表現出來**。

【⑥經常使用「可以嗎？」、「我都沒問題唷」】

這是戀愛經驗少的人常使用的心動詞彙。

「可以嗎？」表示「不想被對方討厭，所以想用力確認」的心情，而「我都沒問題唷」乍看之下像是無感的詞句，這是為了避免在提出具體約會計畫後被對方以「若是那樣的話我就不去了」為由拒絕，而表現出來的心理狀態。

原本就是該彼此討論想去的地點和想吃的東西，然後再一起決定，但因為戀愛經驗不多導致缺乏自信，因此若對方說「我都可以唷」，不要貿然斷定「他似乎沒啥興趣」，應繼續努力推進關係。

令人感到意外的情敵辨別法

學校的休息時間、公司的會議室等等都常會有群聚聊天的機會。

此時，不須透過直接搭話，只要從遠處觀察，就能識破「誰對誰抱有好感」。

那就是「打哈欠」。一般來說，打哈欠常被認為「沒精神」，意外的是，它可以作為不向對方暴露好感，用以探詢確認對方心意的方法。

當你打起哈欠，**如果你喜歡的人也跟著打了哈欠，那就是心動跡象之一**。另外，如果喜歡的人偶然打起哈欠的話，請環視周遭好好觀察一下，跟著打哈欠的人就是你的戀愛敵手。

心動訊號不會只靠語言，也會透過行動表現

除了無意識的動作和遣詞用句以外，也有能清楚釋放心動訊號的媒介。那就是「對方為了自己，會採取多少具風險性的行動」，當然也有人認為「透過交談就能略知一二了。」

不過，當對方說：「約會要等彼此更熟悉一點之後」你便解讀為這是對方在釋出善意，想拉近彼此關係的話，那誤會可大了。

想猜透對方的真心，就要著眼於實際行動，因為隨口說說的話本來就不需要

擔負什麼風險。

每每說些故弄玄虛的話語想撩動你的心，但卻隨便找理由拒絕邀約，這通常代表沒啥指望，而平時愛理不理卻能如實赴約的人，才是有後續發展可能性的對象。

建議不要一味相信對方所言，根據不同情況也有被耍的可能，要多留意才是。

依據與對方的關係值，心動訊號的基準會改變

心動訊號是否亮起，主要依據和對方的關係值而有所變化。成為朋友時的風險和交往時的風險程度是有別的。

具體的風險有以下3種。

①時間風險（花時間在聊天和約會上，自己的時間就會被壓縮）

為了正確判斷對方是否喜歡我
事先確認好與他的關係吧
……完全看不出所以然

②耗費心力風險（考慮傳送訊息的適當性或約會時的對話都很耗費心力）

③金錢風險（約會或開始交往的話通常蠻花錢的）

前幾天，有人問我：「喜歡的人同意交換ＬＩＮＥ，這表示對方對我也有好感吧，想馬上找他約會，是ＯＫ的吧？」。

首先，如果**以「朋友關係相處，希望拉近距離」為目標的話，交換ＬＩＮＥ是互有好感的訊號**。這時對方的風險並不大，只是在ＬＩＮＥ的對話上花了點時間和精力。

但是，如果以「期盼對方同意約會」這樣的關係為目標而交換ＬＩＮＥ的話，無法判斷雙方是否互有好感。

倘若開始約會，時間、心力、金錢都要用上，風險更大，所以單純交換LINE和答應約會的風險程度完全不同，要說「成功交換LINE了=有機會」是很難斷定的。

為了正確判斷現在自己正值哪個階段，建議在培養彼此關係之前，先釐清目標為何。

出現「兩情相悅」的訊號時，此刻告白會更有自信

「兩情相悅」的跡象有很多類型，這裡介紹大多數諮詢者表示「賓果！」的前三名。

【第3名　因戀愛話題而熱烈起來】

因為這種話題是與自我公開的程度及親密度成正比，喜歡的類型、特質、過去的戀愛經驗等，越是深入的戀愛話題越能讓聊天氣氛變嗨，因此兩情相悅的機

率也越高。

然而，也有「對方只是單純喜歡聊戀愛八卦」的情況，所以只排名第3。

【第2名　兩周內就安排了約會】

如果能在兩周內和你約會的話，兩情相悅的可能性會很高。因為通常兩周內可能都早已有其他安排。**比起原訂計畫，願意排除萬難和你約會，在對方看來是相當冒險的行為。**

【第1名　朋友對我說：「告白肯定沒問題的啦！」】

不管再怎麼謹慎的人，一旦有了想戀愛的對象，人腦就會像黑猩猩一樣失去判斷力，無法冷靜地做出決定。

因為人是如此，故此客觀意見尤顯重要，建議詢問值得信賴的朋友：「下次見面我想告白，你覺得ＯＫ嗎？」

讓我們來看談戀愛時，在聽取客觀意見的重要性上，國外所進行的心理實驗。該實驗請下面4組人分別預測情侶會分手的時間點。

①情侶自身
②情侶的共同朋友
③男方的朋友
④女方的朋友

接著再進行追蹤調查，對照情侶實際分手的時期和預想，結果命中率最低的是①情侶自身，這是因為人類容易認為「自己的事只有自己最瞭解」而導致的誤解。

此外，**命中率最高的是④女方的朋友**。因為女性經常和朋友分享戀愛大小事，因而對情侶相處狀況也能詳細客觀地掌握。

不過即使是男性，**如果平時會持續向朋友傾訴兩人關係狀態，也屬於能冷靜聽取客觀意見的類型**。

將成功率數值化、可視化

向朋友徵求意見的時候，透過提問「你覺得有多少%的成功機率呢？」，試著將曖昧指數具體地數值化。

「用數字表示有什麼象徵性嗎？」也許你會這麼想，但它確實有其意義。

醫院中，患者通常使用分成10個等級的「疼痛評估量表」來表示疼痛程度，由於疼痛因人而異，只有患者自己才知道有多痛。

戀愛也是如此，認為「成功」的機率因人而異，即使朋友說：「我覺得有很高的告白成功機率」，也不知道到底是50%還是80%。因此，將成功率數值化，也就是所謂的「可視化」，會更清楚喔！

另外，將成功率數值化的效果不限於向朋友詢問的時候，你也可以根據兩人的關係，將可能成功的機率數值化。

・交換LINE的機率

・拋出戀愛話題，對方接話的機率

・邀請約會能被同意的機率

・告白成功的機率

這樣的話，**自己和對方的關係值有多大進展就變得很明確了**。「剛開始聊LINE的時候，拋出戀愛話題，對方接話的機率只有10％左右，現在已經上升到60％左右了，差不多可以試著再更進一步了吧」，像這樣，就能調整與對方相處的模式。

彼此沒煲過電話粥表示機會渺茫？

「如果想和對方拉近距離的話，是不是打電話比較好？」、「如果沒有通過電話，關係是否會難以進展？」一電不電話經常讓人困擾不已。

從結論來看，交往前最好不要通電話。

首先，詢問「可以打電話給你嗎？」就如同要約對方實際見面，由於這必須做出約定，所以對方容易築起心防。

並且，在電話裏明明也看不到對方的表情，卻沒有時間可以像用LINE那樣思考，必須隨機應變地尋找話題，反覆提問。

講電話有兩個很大的缺點，除了如同在現實生活中見面一樣耗時費力，也和LINE相同，都看不到對方表情。

「通完電話＝親密度提升，產生了這樣的錯覺，導致太過興奮而做出了不合適的發言，從那時起，對方開始變得冷淡……」這樣的情況也不少見。

另外，如果對方對你無感，可能會認為你是打來質問而感到抗拒，從而讓人萌生覺得「麻煩」等負面觀感。

反之，若對方有好感，肯定會很開心能通上電話，但要是能發展成期待通話的關係，其實不用非得打過電話就能告白。

也就是說，講電話是風險極高又毫無優點的手段，**想要縮短彼此內心距離，用LINE其實就很足夠了**。如果是對方打來那無所謂，但若以交往為目標的話，完全沒有自己主動打電話的必要。

打造能成功告白的基礎，提供你3個暗示技巧

直接表達自己的好感會很害羞，暗戀著誰的心思也有可能就這麼曝光，但又很希望能委婉地傳達自己的想法，為告白打下基礎。

此時最適用的就是LINE和約會時能運用的暗示技巧。

說到暗示，會給人一種不正經的印象，但並非「藉由這個暗示，對方就會喜歡上你」的這種招數，必須懷抱著「希望對方對自己有好感」、「想讓對方意識到自己是戀愛對象」等目的，才能發揮效果。

接下來要介紹的3個技巧是**透過最低限度的自我揭露（Self disclosure），在保留某些神祕感的同時，能一邊間接暗示對愛慕之人的好感**。因為是間接表現，就要看對方會如何詮釋了。「這舉動有什麼意涵嗎？」」，只要這麼做，對方就可以隨意想像，並意識到你會是他／她的戀愛對象。

【①「因為是○○所以才這麼說的」】

在話題之前加上這個詞，對方會在意地想：**「他只跟我說耶」，更能促使他認為「自己是被信賴的」、「是特別的存在」。**

順道提及，這是想打聽對方隱私時也能使用的方法，在這之中，「互惠規範」（Norm of reciprocity）此一心理技巧起了作用，而引導對方產生「我也必須分享祕密」的心情。

【②「和○○在一起的時間總是過得飛快」】

在約會和對話的最後階段使用效果十足。**間接傳達出「和你在一起很開心」的好感，以及「和我在一起很開心=喜歡我？」的感覺。**

【③「喜歡你的〇〇地方」和關鍵時刻說出「喜歡」】

「即使是不好笑，你也都很捧場的這一點」、「喜歡你〇〇的部分」，若在關鍵時刻說出「喜歡」對方的某個部分，**就能形塑出「是在表示喜歡我嗎？是因為有哪裡和平常不一樣嗎？」這樣反覆思考的契機，對方就會越來越在意你。**

瞬間從心動到無感的NG行為

既然能瞬間從無感到心動，反之，瞬間就被對方討厭也是常有的事，好不容易亮起心動訊號，卻又一下子跌入深淵的NG行為，就是約會或其他相處時間，**眼睛一直離不開手機。**

經常將能隨時和他人聯繫的手機放在眼所能及的地方，就像是約會有充當電燈泡的第三者一樣，容易給對方一種「未將心思放在自己身上」的印象，好感度會頓時下降很多。

雖然這要依據和對方的關係深淺而定，但即便是**吃飯時想先拍個食物照也要**

盡量避免，因為這有可能會被誤解為「原來重點不是能和我見面啊，只是想拍可以曬IG的照片吧」。

另外，**現今生活中因為手機而形成「寂靜餐桌」的氛圍並不少見**，自己也會不小心就玩起手機，此時就算想集中精力聽對方講話，也會很容易錯過關鍵字。

當工作等各種需要頻繁確認郵件和LINE的時候，或者想拍照時，也要用對方難以拒絕的說法：「無論如何都得留意是否有重要郵件，所以三不五時得確認一下」、「因為很少來這種地方，可以拍個紀念照嗎？」這樣能給人一種「珍惜相處時間」的印象，**即使關係變好了也不要忘記這些貼心舉動**，這是維持良好關係的關鍵。

不要以為鼓起勇氣表白就能成功

在告白或邀對方約會的時候，常常都必得先「鼓起勇氣」，對吧？

但我必須不斷跟大家強調：「告白無須火力全開！」。

認為需要勇氣的人是因為沒有接收到「告白應該可以成功」這種具體的訊號。「因為持續用LINE聊天，所以關係更升溫了」、「因為共享了彼此的祕密，差不多該約他出去了吧」、「約會也都感受得到彼此有好感，差不多該告白了吧，成功率應該在80%以上」像這樣雖已通過前述的各個步驟及考驗，但在各種徵兆並未確實的情況下進行告白，當然仍需要勇氣。

明明才進展到能用LINE維繫關係的局面，是不是忍不住馬上就想告白了？是不是把在告白前該確實執行的步驟都拋諸腦後了呢？如果覺得告白「必須鼓起勇氣」的話，請不要衝動，重新審視兩人之間的關係，重新確認兩人相處的各種心動訊號吧！

用LINE告白不妥嗎？

對方的真實心意只能憑空想像，所以直接告白很恐怖、也超怕尷尬，才想說要用LINE告白，我很理解這種心情。

但是，**想要在LINE上告白，這件事情本身就是還不到告白時機的訊號。**

如果透過直接面對面告白已十分有自信，那麼用LINE告白成功的可能性也會相對提高許多，換句話說，「由於害怕直接告白，才想藉由LINE傳達想法」，這本就是因為現實生活中的你沒有勇氣告白，也缺乏自信之故。

本來我就不太推薦用LINE告白，因為看不到彼此表情，能傳達給對方的訊息量也會少很多，況且這麼做，訊息也會有外流的風險。

「無論是面對面、還是用LINE告白，就是要做到能讓對方情不自禁說OK的地步」，在這麼想的一天到來之前，讓我們踏實地收集各種心動徵兆吧。

讓你成功告白的自信爆表法

雖然成功機率大概有70％左右，但是告白前的從容自得是很重要的。此時，臨近告白前的約會就是壓軸階段到來的前戲，請放心地牽起對方的手，若打算在第三次約會時告白的話，那麼第二次約會就是很好的良機。

如果是用餐約會的話，為了防止突發狀況並試試水溫，推薦在走出店家後前往車站的途中，輕說一句：「可以牽你的手嗎？」盡可能將會有的風險控制在最小限度。

當我這樣建議時，很多諮詢者都會狂搖頭地告訴我：「絕對辦不到！」我要義正嚴辭地告訴大家，想提高自信就得先不斷積累成功經驗。

很多人常會萌生沒有自信是「因為本來就缺乏勇氣」、「因為自身性格的關係」這種想法，我希望你能擺脫這樣的思考模式，因為，即使沒有勇氣，但人對於有自信、熱衷投入的事情也能積極行動的，對吧？就像某些人平時喜歡朝聖有氣質的風格店家，但在喜歡的偶像演唱會上還是能眼冒愛心，跳得比誰都用力。

那麼，到底是差在哪呢？要如何積累成功經驗呢？人一旦能完成自己設定的目標，即使是芝麻小事也會變得充滿自信。像這樣先累積各種小小的成功，就會產生能挑戰大目標的信心，重要的是，是否實際做到先累積多次成功經歷。

臨近告白階段時，若想擁有「百分百成功」的自信，請務必說出關鍵的這一句話：「可以牽你的手嗎？」。

要是覺得「想牽起小手簡直是難如登天」，也可以試著**「不時湊近對方說些悄悄話」，累積這類小小的成功體驗。**告白當下無論怎麼努力，能做的事情都是有限的，為了提高成功率，盡可能地事先做好準備吧！

有可能「由對方向我告白」嗎？

特別是女性，很多人都希望是「男性主動告白」，當然有由對方主動的技巧，但我不是十分推薦。

那是因為想被告白，對方「喜歡你」的程度至少要95％以上，而想讓對方抱著「即使有被甩的風險也喜歡到想要趕快告白」這種程度的熱情，需要花費相當長的時間和心力。

這樣一想**就會意識到即使有被甩的風險，自己主動告白其實更加輕鬆。**

雖曾有某一心理實驗結果顯示：「男性向女方告白的情侶會走得更順更久」然而另一份問卷調查中，每三名女性就有一位回答曾經主動告白，此外，也有其他資料顯示，告白前皆未意識到自己是對方喜歡的對象，在此情況下被女性告白的男性，每兩位中就有一位順利交往。

重要的是，盡可能地長久維持和心儀對象之間的關係，這和「由誰來告白的關聯不大」，這是我的真實感受。

由對方告白的3個要件

話說回來，無論如何還是希望由對方向我告白，針對有這種堅持的人，我要介紹一下可派上用場的絕招。

使用此絕招的一個大前提是，和對方的關係須培養到「若由自己主動告白肯定成功」的程度。**「時機差不多成熟了吧？」，明明這麼想，對方卻遲遲不向我告白，特別是在這種情況下會很有效的技巧。**

那該怎麼做才好呢？必須在以下三個條件全部打勾後，再試著詢問對方：

「你喜歡的人是……？」。

順便告訴大家，這也是提高告白成功率的技巧喔。

【條件1：建立信賴關係】

如果被認為「向這個人告白，等同於昭告天下」的話，會成為對方主動告白的阻礙。為了讓對方覺得「你是個能保守祕密、值得信賴的人」，平時就要注意以下10個重點。

就心理學角度而言，「信賴」和「好感」被認為是同一性質的正向情感，因此若能被信賴的話，自然就能被對方喜歡。

①不要向身邊的人提到太多關於喜歡對象的事

②不要把別人的祕密告訴你喜歡的人
③不要解怠彼此間的協議和聯繫
④談談自己的弱點
⑤不因人而改變態度
⑥有計劃性
⑦不要盡說些消極的話
⑧不敷衍
⑨遵守約定
⑩信任對方

【條件2：提高自己的價值】

要想讓對方告白，必須要讓他覺得「非你不可」，為此，在戀愛市場中提高自己的價值才是真正的捷徑。

如果能提高你的市場價值，對方就會產生「必須要搶先在別人之前告白」的決心，這是利用「比起獲得的喜悅，人們更著眼於損失所引起的吃虧心理」此一被稱為「展望理論」（Prospect theory）的誘導技巧。

想要提高自己的市場價值，有以下兩種方法：

讓其他異性接近

結交很多關係好的異性朋友。在其他異性中很受歡迎，就能提高你的市場價值。

展現自己的特質

學習、運動、興趣……等等的都可以，但若有特別突出卓越的優點，市場價值就會提高。「聽說○○很厲害？」像這樣有著讓眾人聚焦討論的話題存在，能引發粉絲心態的崇拜感，對方就會給予你很高的評價。

是不是認為這兩項的難度都很高呢？但若都辦不到的話，就應該乾脆放棄「由對方主動告白」的期待。要提高對方的熱情，就是需要那麼大的心力。

【條件3：製造別人認為你們兩人正在交往的印象】

理論上，達成條件1和2就能由對方告白。

但是，人類決策的過程會有下列3個步驟：

首先有「感情」

↓

由此引發「行動」

↓

事後依據道理「接受」

為了打動對方，如何傾訴「情感」是很重要的，對方若是無動於衷的話，就更別提何來的行動力了。

此時就要靠戀愛話題來製造機會，為了動之以情並營造出對方願意答應交往的氛圍，請試著開啟下列話題：

・你喜歡什麼類型的約會呢？（例：主題公園也不錯，但也喜歡在附近散步。）

・憧憬什麼樣的情侶關係呢？（例：在人前能很輕鬆舒暢相處，只有兩個人的話也能很甜蜜）

・想和戀人一起做些什麼事嗎？（例：想出國一起玩高空彈跳）

當你完成了前述的三個步驟，就可以試著詢問：「你喜歡的人是誰？」。如果對方明顯對你有好感，通常會情不自禁地秒答：「是你！」。

特別是男性，若要釋放出高於女性3～4倍左右的「好感」，據說要花很長時間。因為男性不擅長用語言表達情感，加上觀察力也不高，所以判斷不出眼前的女孩是不是真的喜歡自己。

因此，**藉由利用戀愛話題等方法，發出簡單易懂的「OK的，快告白吧」訊號，由男性告白的機率將會飛躍性地提升。**

告白要挑下午4點之後的黃昏

如果想稍微提高些告白成功率的話，就利用黃昏時刻的特有氛圍吧！這是由於**從傍晚到入夜後這段時間，人會因為疲勞感和黑暗而使得思考力和判斷力顯著下降，反過來說，這也正是能引導對方說出「YES」的好時機。**

曾有相關研究數據證實了此一心理技巧，2004年，以二百名大學生為對象，調查了告白成功與失敗的主要原因。

結果表明，**告白成功的人之中，於下午4點到晚上11點進行告白**的占多數，於上午11點到下午4點之間告白則通常以失敗告終。

可能有人會認為使出這種敷衍且一時遷就的手段，就算兩情相悅也會馬上被甩……，但是「等候告白時機」的時間越長，喜歡的人被追走的風險也越高，為了避免這種狀況，即使成功機率稍低，也建議使用此一心理技巧提高達陣率，盡早一決勝負。

況且，告白畢竟不是終點而是戀情的起跑線，對方若接受你的告白，等於宣告名花／名草有主，局勢絕對有利。不要因為太鑽牛角尖而錯過了和喜歡的人交往的機會。

讓成功率大提升的最強告白台詞

好不容易終於迎來了告白時刻。

常常有人問我：「想要告白順利有哪些說話技巧呢？」很遺憾地並沒有「只要這麼說肯定成功」這麼萬用的台詞。

只想靠一句話或單一行動就希望打動對方，這種機會是非常渺茫的，無論用多麼機靈的言語告白，如果不從相遇開始就藉由通訊軟體交流、約會等來積累自己的好感與親密度的話，就無法獲得想像中的效果。

心理技巧絕對不是讓你一出手就什麼都垂手可得，而是為了「向喜歡的人成功告白」，努力填補自己不足之處，在此基礎上用來提高告白成功率的。

反過來說，如果能好好聚積一路至今的努力，詞藻完全不須華麗。

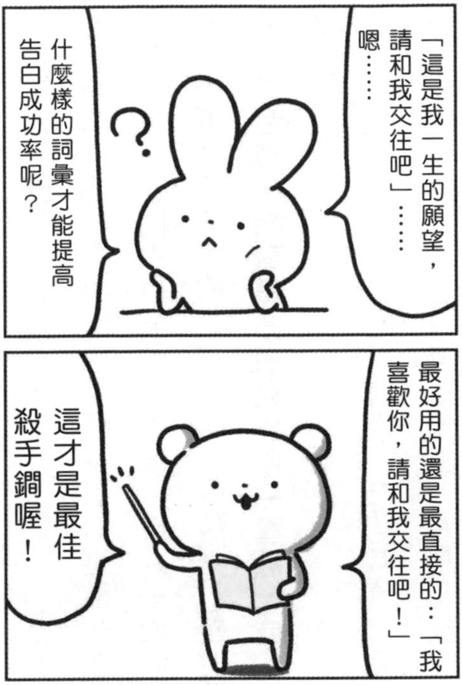
「這是我一生的願望，請和我交往吧」……嗯……
什麼樣的詞彙才能提高告白成功率呢？
最好用的還是最直接的：「我喜歡你，請和我交往吧！」
這才是最佳殺手鐧喔！

「我喜歡你，請和我交往吧！」

這就是最強的告白台詞。

也曾有科學研究結果證明了這一點。

在此研究中，將告白方法分為下列三種類型，調查了成功的機會。

【類型1　單純型】

「我喜歡你，請和我交往吧！」

「我一直很喜歡你，請和我交往吧！」

【類型2　懇求型】

「這是我一生的願望，請和我交往吧！」

「我一定會讓你幸福的，請和我交往吧！」

【類型3　藉口型】

「只要和你聊天，我就感到很幸福，請和我交往吧！」

「第一次見面時就對你一見鍾情，請和我交往吧！」

其中，**距離成功最近的是類型1的「單純型」**，其次則是「藉口型」，最容易失敗的則是「懇求型」。

但是，如果說出口的話缺少了「喜歡」或「請和我交往」的其中一句，效果就會砍半。在同一研究中，還將一百六十六個人的告白經驗分為「成功」和「失敗」，調查了各自的告白形式和成功率，**結果顯示使用「喜歡」+「請和我交往」此一組合時，相較單方面只使用「喜歡」或「請和我交往」時，成功率會提升將近2倍。**

思考其原因，如果只說了「喜歡」，接著就會冒出：「所以呢？想怎麼樣？」的疑問，而若只單單說出：「請和我交往」是無法傳達澎湃心情的。也就是說，告白時，想向對方傳達心情的話語以及想怎麼做的要求，一起成套傳達是很重要的。

PART 7 總結

要摸清對方是否懷抱真心，不要僅只著眼於他所說的話，而是細察其行動。具體來說，將注意力放在讓你「花費多少時間、勞力、金錢」上頭，有助於明確自己正處於哪一個階段。

無論多麼小心翼翼，一掉進戀愛漩渦就很容易暈船，正因為如此，建議向值得信賴的朋友尋求客觀意見。

透過將成功機率數值化，可以掌握彼此關係已進展至何種程度，有助於調整接下來的互動方式。

「告白很需要勇氣耶」、「想試著用LINE告白」，有此想法的人是因為收到對方發出「向我告白吧」的訊號。建議重新審視兩人關係，也重新收集能成功告白的各種線索吧。

最強的告白文是「我喜歡你，請和我交往吧。」若已經累積足夠的好感度，告白時的台詞只要簡單表達就OK了。

PART

8

成功俘虜對方！12種不同類型的攻略法

我所原創的「12類型攻略法」

當有「想和這個人談戀愛」、「想和這個人多說說話！」的動機，為了成功向你為之傾倒的對象告白，必須做出「想和這個人交往」、「想永遠在一起」的決斷和努力對吧。

然而，日常的每一天與形形色色的人相處，你一定對「百人百心」這句話很有感，因此，**根據對方類型調整互動方式才是幫助戀情成真的最好攻略法**。

雖然在「前言」已提過我在婚前曾被現任妻子甩過一次，當時的我為了掌握成熟大人的思考和行為舉止，曾啟動與具備經營者身分的三百位人士人深談之旅，也曾在IG上進行了四千人次的戀愛諮詢，接觸過各色各樣的人。

用「2主軸＋6類型」來劃分世間大眾

這是我與林林總總不同年齡和職業的人接觸過後，彙整出的結論。

在深入與許多經營者們面談後，我學到即使想用相同方法接近對方，每個人的反應也會大相逕庭。

舉例來說，當我很有幹勁地向某些人請教時，總是被讚美我的「學習欲滿滿」，但某些人卻會大聲喝斥我說：「提問前先做點功課吧你」毅然地就結束談話。有鑑於此，我放棄提問的形式，改以講述自己的夢想和未來規劃，結果順利擄獲部分創業者的心，給予「好有趣的想法！我想進一步了解」的回應。

有的人藉著傾聽而不斷幫對方添加好印象分數，也有些人會對期許能自我實現的人懷抱好感，當然，其理由因人而異。

戀愛諮詢也經常發生類同的狀況。

即便再三叮囑：「深厚的關係是需要時間培養的，最好一有機會就馬上交換LINE」但卻也常有人難以付諸行動。

得再進一步說：「不立馬換LINE並藉此拉近關係，那就等著拱手讓人吧」他們才會湧現刻不容緩的危機感。

為了引起交換LINE的動機，有人會對「甜蜜交往」這樣積極的未來畫面產生動力，也有人會對「拱手讓人」這樣消極的未來畫面產生動力。

從這樣的分析和實際體驗中交織出來的是我所原創的「12類型攻略法」。

我自己透過使用這個攻略法，能根據對方類型來調整相處模式和提供量身打造的建議，實現了「與眾多經營者維繫良好互動」、「願意接受建議的諮詢者因此獲得幸福」的自我目標。

建議先藉由各類型的診斷方法確認心儀對象和自己的所屬類型吧！

不同類型的「性格」、「基本互動方法」、「深入心坎的讚美」、「能順利發出約會邀請的方法」等也會一一介紹，請一定要參考運用這些攻略！

此外，由於「想受眾人歡迎」的出發點基本上是一樣的，所以不僅僅是戀愛，在商務和其他人際關係中也請多多運用唷！

來試試【12類型診斷】！

12類型是透過「與雙親的關係（2種類型）×判斷模式（6種類型）」而劃分的。

【與雙親的關係】

與父母之間的關係是塑造人們性格和行動模式的關鍵。

如下所示，因為有兩種類型（A、B），所以試著確認心儀對象／自己符合的項目吧。打勾數越多的區塊，就代表喜歡的人／自己的類型。

A

- □家人關係很好。
- □經常聊到父母及兄弟姐妹。
- □基本而言，家教是很不錯的。
- □對選擇與父母相同或類似的學校、職業不太反抗。
- □順從老師或上司等人。

B

□家人關係不好。

□幾乎不提父母和兄弟姐妹的事。

□將父母當做反面教材。

□故意避開和父母一樣或類似的學校和職業。

□對老師和上司等多持反抗態度。

【判斷模式】

為了讓喜歡的人喜歡你，了解「對方在做判斷及行動時的動機為何」是很重要的。

判斷模式分成以下6種類型（**C**～**H**）。

試著確認一下喜歡的人和自己符合的項目吧。雖說通常人都會有多種面向，但請將打勾數最多的視為自己所屬的類型。

請先從下列選項選出一個：

①現在馬上能拿到1萬日元，②一周後能拿到1萬日元，③一年後能拿到10萬日元。

C

- □①現在馬上能拿到1萬日元，②一周後能拿到1萬日元，③一年後能拿到10萬日元。**在其中是選擇①者。**
- □曾因看到網路廣告而消費，或曾使用相關服務。
- □為了興趣花費從不手軟。
- □不怎麼考慮遙遠的未來，認為當下最重要。
- □常想著：「這麼做肯定很有趣！」。
- □比起缺點，更傾向看重優點。
- □即使多少有點風險，也想挑戰新事物。
- □發生糾紛時，經常會覺得「都是別人和外部因素害的」。
- □煩惱的事情想和別人商量，希望馬上解決。

□容易脫口而出自己的真心話。

D

□①現在馬上能拿到1萬日元，②一周後能拿到1萬日元，③一年後能拿到10萬日元。**在其中是選擇①者。**

□不經意間點擊了會引起不安的報導和廣告。

□經常去同一家店消費。

□不擅長察言觀色。

□常考慮到「這個不做會很吃虧！」。

□比起優點，更常看到他人缺點。

□與其承擔風險，不如維持現狀。

□特別不擅長應對高高在上的人。

□投身於新事物時，容易感到巨大不安。

□沒有特別大的野心和目標。

E

□①現在馬上能拿到1萬日元，②一周後能拿到1萬日元，③一年後能拿到10萬日元。**在其中是選擇②者。**

□重視同伴。

□對於出身地、年齡、興趣等相同的人會感到很親切。

□LINE的回覆意外地都變快的。

□非常在意別人是怎麼看待自己的。

□不擅長一個人生活。

□優柔寡斷。

□善於傾聽對方的要求。

□對於「被愛」、「受歡迎」這類的詞難以抵擋。

□經常購入朋友或喜歡的藝人都擁有的商品。

F

□①現在馬上能拿到1萬日元，②一周後能拿到1萬日元，③一年後能拿到10

萬日元。**在其中是選擇②者。**

☐討厭的、不擅長的東西……很容易就與某個人的喜好相同。
☐對有類似失敗經歷的人感到親切。
☐害怕被拒絕，常常只和喜歡的人保持單純朋友關係。
☐對方LINE的回覆若很慢，就會感到不安。
☐不想被排擠的想法很強烈。
☐與其說多餘的話讓別人討厭，還不如保持沉默。
☐對於他人糾紛，會默默地裝作不知道。
☐雖然不一定要對方道謝，但完全被無視的話會很受傷。
☐不知不覺地就變成看別人臉色做事的人。

G

☐①現在馬上能拿到1萬日元，②一周後能拿到1萬日元，③一年後能拿到10萬日元。**在其中是選擇③者。**
☐自己主動結帳付錢的情況很多。

□喜歡控制人和各種場合。
□有時會被認為是虛有其表的人。
□自尊心強。
□為了達成目標會積極努力。
□喜歡自己單獨完成自己喜歡的事。
□有著自己「嚮往成為的人」存在。
□若隔天的一早有約，即使派對正值高潮時仍會選擇回家。
□即使失敗了，也能保持「這是通往成功的必經過程」的積極思考。

H

□①現在馬上能拿到1萬日元，②一周後能拿到1萬日元，③一年後能拿到10萬日元。**在其中是選擇③者。**
□比起被人請客，更經常擔任主動請客結帳的角色。
□不喜歡的事一點都不想做。
□自己想做的事無法順利完成時，會覺得幸好當下只有自己在場。

□不想受人控制的意識很強烈。

□因為不想浪費一路以來的努力，所以會為了達成目標而堅持下去。

□討厭別人插嘴。經常單獨一人生活。

□有「不想成為那種人」的反面教材存在。

□容易沉迷於所謂的「麻煩戀愛」。

□是受人表揚也無法坦率開心的類型。

【診斷結果】與父母的關係，2種類型說明

與雙親的關係分為「順從型」、「反抗型」兩種。

A區打勾較多者──順從型

【和雙親的關係？】

A類型的人通常和父母關係良好，家庭相處也很融洽，認為父母說的話基本上不會有錯。

【攻略法】

在對話中經常提及家人是此一類型才有的特性，因為家人是其精神支柱，經常成為人生的範本，所以**出現「我們家都是這麼做的」、「因為父母說了〇〇的**

話」時，不要否定對方，多加留心於贊同他們所言之事，能幫助你提高好感度。

B區打勾較多者——反抗型

【和雙親的關係？】

此類型人經常有著對父母不滿的傾向，嘴邊會叨念著：「要是我才不會那麼做」等等的話語，通常會將自己和家人的事分開考慮，認為「家人是家人，自己是自己」。

對想要從高位壓制的老師、前輩、上司也容易抱持反抗心態。

【攻略法】

如果對方不想談論家人的話，最好避免特別提及。

這類型人若感受到有人試圖控制他們，就會心生抵抗，所以有任何請求前，能先萬般討好他們是最首要的。

此外，也可以利用其反抗心，透過「瞞著家人就好」等的說法、再以「你確定不幫忙嗎？」來進行請託，相較於一般說詞，容易被接受的機率更高。

【診斷結果】決斷模式，6種類型的思考

決斷模式可分為6種類型，如下：

- C 打勾較多的為「蜥蜴型」
- D 打勾較多的為「鱷魚型」
- E 打勾較多的為「犬型」
- F 打勾較多的為「鼴鼠型」
- G 打勾較多的為「領導型」
- H 打勾較多的為「革命家型」

其中，根據大腦思考類型，再分為以下3種。

・「蜥蜴型」和「鱷魚型」重視解決眼前問題，屬於藉由情感和直覺來判斷的**「爬蟲類腦」夥伴**。

・「犬型」和「鼴鼠型」是重視夥伴關係和共感的**「哺乳類腦」夥伴**。

・「領導型」和「革命家型」是重視未來目標和邏輯性的**「人腦」夥伴**。

即使是同一種大腦類型，也可以分為「積極動機型」和「消極動機型」兩種。

・「蜥蜴型」、「犬型」、「領導型」以「這樣我喜歡」、「想和人交流」、「想支配人」等**積極動機行動**。

・「鱷魚型」、「鼴鼠型」、「革命家型」以「這我不喜歡」、「不想被排擠」、「不想被人支配」等**消極動機行動**。

判斷模式共計上述6種。

下面為大家介紹此6種類型的特徵。

C區打勾較多者——蜥蜴型

【性格】

感受性豐富，因而容易衝動行事的類型。會優先解決眼前的欲望和不安，比起論理更重視行事節奏。由於有只看優點而忽視缺點的傾向，容易上當受騙是其美中不足的地方。但是，基本性格是積極的，所以一丁點兒小事也不容易屈服，具備承受打擊的堅定意志為其特徵。

【戀愛觀】

屬於獨自生活也能藉由找到熱衷投身的興趣而愉快度過每一天的類型，但因為情感豐沛，很容易就對人心動。自由地表現情感這一點，被認為「雖然任性但是很有魅力」，而能吸引異性目光。

雖然自己不擅長設定目標，但是**如果替他們設定好目標的話，會有為了使命必達而努力的優點，因此，一起擔任小組負責人，或者兩人一起從頭開始玩新的線上遊戲，愛苗就會很快地滋生蔓延。**

【攻略法】

因為是**做任何事都必須以「喜歡」為前提**來引起動機的類型，所以發出約會邀請時，若試著列舉諸多好處，成效會特別好，如：「喜歡K－pop的話，一起去○○吧。有◎◎、還有▲▲，絕對會很好玩地唷」。

身處某些約會場合容易被當時的情感和氣氛帶著走，所以推薦在約會中選擇情侶容易聚集的店家。

想拜託他們幫忙時，倘若使用「高興」、「開心」、「幸福」、「有趣」、「悲傷」、「寂寞」、「為難」等表達感情的詞語，他們願意傾聽的機率就會提升。

D區打勾較多者——鱷魚型

【性格】

沒有特別大的野心和目標，如果**能維持現狀就會感到很安心的類型**。實際上並非「想守護目前狀態」這種積極的理由，而是「討厭比現在的狀態更差」的這種消極性，使其傾向維持現狀。

雖然內在情感很充沛，但是鮮少表現出來，也會被認為是「老實人」，當周圍吵鬧歡騰的時候，時常會冷眼旁觀。

【戀愛觀】

對於戀愛，不管從什麼角度看都是很消極的，**很被動，不擅長主動接近他人。**

和蜥蜴型一樣，如果為其制定目標的話，也會為了

完成目標而努力，所以試著以共同的興趣等一起能做的事情開始，就能提升被他們喜歡的機率。

【攻略法】

因為是以**「不想吃虧」的心態促使其行動的類型**，所以邀約他們時，要強調「那個活動下周就結束了，一起去吧」，特意強調不去會很可惜，這招會很有效。

希望他們幫忙的時候，以「不做的話會被罵的」等訴諸負面情緒的詞語，他們會更容易接受。

因為這類型的人不擅長主動、也不擅長決定要去哪間店和約會場所，**所以在某種程度上帶領著他們會比較好唷。**

E區打勾較多者——犬型

【性格】

在群體中是能清楚看見自己的存在意義和價值的類型。獨處時容易感到寂寞，會希望「身邊經常圍繞許多朋友」。出身地和興趣等共同點越多的人，越容易對其產生親切感。

「因為朋友也會〇〇，那我也來學習吧」、「因為朋友談戀愛了，我也好想談戀愛」，在需做出決斷和行動的時間點，經常會因為親近的人的存在而成為契機。

【戀愛觀】

其特徵是戀情大多是從朋友關係開始發展的。然而，卻因為過度在意朋友的視線，所以很常就這麼維持著純友誼關係，難以有所進展。建議將支持你的朋友拉進來，或和喜歡對象的朋友搞好關係，總之儘量從周圍營造出「很適合交往」的氣氛吧！

【攻略法】

如果說出「這個我知道！」、「一起吧！」這類有共鳴的話，能幫助彼此深交深聊。

因為此類型的人期待被周圍人認可的盼望很強，並且很在意他人目光，若能直接表揚他們的優點，也能提升好感度。

如果想從朋友發展成更進一步的關係，讓周圍的人稱讚「有你真好」也是十分有效的，如此能讓犬型人意識到：「如果是自己朋友認可的對象，那我也能放心地與他／她交往」。

F區打勾較多者——鼹鼠型

【性格】

以「不想一個人」、「討厭被排擠」為由，而能在團體中找到意義的類型。「不擅長的東西是一樣的」、「有同樣的痛苦經驗」等，對擁有共通消極點的人容易倍感親切。

【戀愛觀】

因害怕對方喪失對自己的好感，而會由此產生戀愛錯覺的類型。

【攻略法】

這類型人的行事風格屬於不落人後的類型，若對著他們說：「大家都有男朋

友了呢！」、「沒有交往對象的，就只剩我和你了」等，可以提高他們「想談戀愛」的意識。

成為對鼴鼠型人來說關係特別好的朋友↓勇於表現好感↓稍微保持距離，設計這樣的流程，建議試試將對方不想失去你這位朋友的想法和戀愛情感相互混淆看看吧。

G區打勾較多者——領導型

【性格】

不顧一切地以自我實現和公司的成功為目標，所謂的「自命不凡」類型。其特徵是，僅僅完成眼前的小目標仍然不夠，**更著眼於將來的大夢想和理想**。渴望能由**自己掌握並控制人、物、金錢**的欲望很強，基本上是個控制狂，自尊心強是大家公認的。

【戀愛觀】

「在這段戀愛中自己能獲得什麼」，用想像談戀愛是其特徵。「像前述這樣的兩個人結婚的話可能會很有趣」，於是才交往不到一天就閃婚的人肯定多為此種類型。

雖然在職場上是很可靠的存在，但是在戀愛中總不夠關心對方，也會因為「和想像中不同」而被甩。

【攻略法】

按照對方的意圖行動是最好的。敢於表現出「被控制著」、「被玩弄於股掌之間」的感覺，假使能滿足對方的支配欲，就會縮短兩人距離。

「總覺得一直被你帶領著」，若他們聽到這樣的誇獎是會感到很開心的類型。

H區打勾較多者——革命家型

【性格】

包括了即使固執也不想受人支配、為了追求自由而戰鬥、個性十足的創業者等多種類型。與其說是自己想掌控全局，不如說是因不想被控制的消極情緒成為了動機而促使行動的類型。

直接表揚會引起他們疑心，很常被歸類為「麻煩人物」也是其特徵。順便提及，**對此種類型正中紅心的稱讚是「你比〇〇多贏得3件成交案」等，像這樣指出事實效果最佳。**

【戀愛觀】

工作十分能幹，但在戀愛中超級愛討拍也為其特徵。「結婚對自己來說沒有什麼好處，淨是損失」、「交了特定的女友就不能和其他女孩子交往」等，常這麼考量戀愛及婚姻的得失，其中，也有人持續了幾十年無法實現的單戀、也有人因為小事懷疑出軌而束縛自己。即使周圍的人難以理解，但本人卻認為這是很合理的，是不好應付的對象。

【攻略法】

「想讓他們說喜歡你」、「希望對方求婚」，如果傳達出希望對方按照自己想法行動的意圖，革命家型的人就會十分抗拒並且遠離。

為了提高此類型的人的戀愛動機，由他們展開追求，使用「沉默成本」（Sunk cost）效應會很明顯。

沉默成本是指投入事業的資金中，即使撤資和縮小規模也無法回收的隱沒費用。無論是私人生活、還是工作，這類型的人一定說過「截至目前為止花了這麼多錢和時間，怎麼可能中途放手，要認賠殺出是很難的」。

也就是說，明明知道如果繼續前進會有損失，但因為早已支出成本，「現在放棄的話一切等同付諸流水，再努力一下吧」，導致無法做出合理的判斷。

如果想和革命家類型的人結婚，就讓他們在你身上消耗大量的時間和金錢，保持不即不離的關係。革命家的反叛心是很強的，因為不想接受「為對方白白浪費時間、金錢、勞力，卻毫無結果」，所以會持續追求你。

各類型的屬性為何？

基本上，同一類型的人確實很投緣，但是大部分人都同時擁有多個類型，所以合適程度不會產生那麼大的差別。

但需要特別留意的是當自己和對方都屬於消極類型的情況。

消極類型常因為「不想被討厭」、「不想有所損失」而成為行動時的動力，所以很難下定決心接近對方，或者因為害怕被發現內心情感而過於冷淡，反而產生誤解。

加上由於彼此常互相以此種方式交流而成為習慣，**不僅關係難以進展，很可能會出現再三誤解的負面連鎖效應。**

當想要戀愛，彼此又都是消極類型，在不勉強的範圍內，應該用心地製造「關係能積極升溫」的言行，這能幫助提升交往的機率，真正開始交往之後親密度也會大大加深。

根據與父母之間關係的2種類型（A、B）及決斷模式（C～H）結合後，就能得知自己所屬的類型。

B 反抗父母型

爬蟲類腦

（B×C）
反抗×蜥蜴型

積極

- 基本性格及攻略法與「類型1」一致。
- 比起理論更重視行事節奏，但因為感覺到受控時會產生抵抗，所以當要針對他們提出建議時，重點是「若無其事地順著對話說出口」。如果看穿了我方意圖，就會心生抗拒。

（B×D）
反抗×鱷魚型

消極

- 基本性格及攻略法與「類型3」一致。
- 反抗心強，因而十分消極，不擅長自己主動接近，卻也對於被領導會有所抵抗，建議站在對方立場思量所有事情。

哺乳類腦

（B×E）
反抗×犬型

積極

- 基本性格及攻略法與「類型5」一致。
- 即使是朋友同輩也希望以大家都平等的方式相處，因此就算有年齡差距，也要避免以高高在上的方式交流。

（B×F）
反抗×鼴鼠型

消極

- 基本性格及攻略法與「類型7」一致。
- 過於消極的個性，因而動不動就在意別人臉色。加上他們的自我防衛意識很強，當出於一番好意提出想法卻被指謫的話，也會招致他們意想不到的反抗。

人腦

（B×G）
反抗×領導型

積極

- 基本性格及攻略法與「類型9」一致。
- 在他們人生中，「不想成為〇〇」是最大動機。戀愛方面也是，與其說「這一型的人不錯」，更傾向於用「不想和這樣的人交往」的刪除法來選擇對象。

（B×H）
反抗×革命家型

消極

- 基本性格及攻略法與「類型11」一致。
- 因為反抗心且消極傾向明顯，所以部分此類型的人對於談戀愛、結婚的動機不高。若希望他們繼續追求你，運用「沉沒成本」的支出概念會很有效。

【「12類型」一覽表】

		A 順從父母型
爬蟲類腦	積極	（**A**×**C**） **順從×蜥蜴型** ・感受性豐富，常有衝動行事的狀況。 ・因為是以「喜歡」為前提及動力的類型，所以結合興趣等強調好處的方法會很有效。 ・不要否定他們聊到的父母和家人話題，表示贊同很重要。
	消極	（**A**×**D**） **順從×鱷魚型** ・因為是維持現狀的被動派，所以有必要在某種程度上領導他們。 ・「想避免損失」是為動力，所以要特地強調「不作為」會有的缺點並以此為拉近關係的方法。 ・不要否定他們聊到的父母和家人話題，表示贊同很重要。
哺乳類腦	積極	（**A**×**E**） **順從×犬型** ・比起獨處更喜歡和朋友在一起。 ・在意同伴的目光，因此容易止步於朋友關係。 ・「我們一樣耶！」藉由使用能與之產生共鳴的語言，聊天對話和LINE就能持續不間斷。 ・不要否定他們聊到的父母和家人話題，表示贊同很重要。
	消極	（**A**×**F**） **順從×鼴鼠型** ・「討厭被排除在朋友圈外」，這是他們結交朋友的動機。 ・對於擁有相同痛苦經驗等消極共同點的人容易倍感親切。 ・害怕對方喪失對自己的好感，因而容易產生戀愛的錯覺。 ・不要否定他們聊到的父母和家人話題，表示贊同很重要。
人腦	積極	（**A**×**G**） **順從×領導型** ・勇於追求未來夢想並以成功為目標的「自命不凡」類型。 ・「在這段戀愛中自己能得到什麼」，會先考慮過再進入戀愛關係的類型。 ・若能按照對方的想法行動，滿足他們的支配欲，構築信賴關係就會越加容易。 ・不要否定他們聊到的父母和家人話題，表示贊同很重要。
	消極	（**A**×**H**） **順從×革命家型** ・即使固執也不想受人支配。 ・直接表揚無法觸動他們的心，所以只要提及事實，表示「我有注意到你某一方面很厲害」。 ・不要否定他們聊到的父母和家人話題，表示贊同很重要。

結語

謝謝您一直讀到最後。

老實說，我覺得世間充斥的戀愛心理學及技巧的書不適合「動不動就顧慮太多」、「因敏感而過於在意對方心思」的人。

「就算是以往動輒想太多而導致自沉的人，若能正確地瞭解戀愛心理學的技巧並運用之，也能談一場兩情相悅的幸福戀愛。跟著書中步驟，就無須過度煩惱，更能沉浸在戀愛的喜悅裡」我是出自這樣的想法才寫下這本書的。

為此，我將所有知道的戀愛經驗及技巧寫好寫滿，然而並非是將這些訣竅傳達給大家後就結束了，更是真心盼望每個讀者都能實際運用看看。

然後，我希望你能踏出新的第一步。

期待你邁出這一步後，也能幫助周圍有此困擾的人。

就像我寫這本書一樣。

讓喜歡的人喜歡你，享受戀愛。為了讓更多的人能擁有這樣最幸福的幸福，我衷心地支持著你，為你加油！

HIROTO

國家圖書館出版品預行編目資料

戀愛無雙的技巧大全：戀愛就該耍心機，一本學會撩動異性的技
巧，擁有情場無往不利的武器！/ HIROTO 著；Kuri 譯 .-- 初版 . --
臺中市：晨星出版有限公司，2022.11
面；　公分 . -- （勁草生活；527）

譯自：モテる人の恋愛科学：ひといちばい敏感さんが、我慢なし！
不安ゼロ！で恋愛無双する全テクニック

ISBN 978-626-320-258-0（平裝）

1.CST: 戀愛　2.CST: 兩性關係

544.37　　　　　　　　　　　　　　　　　　　　　111014967

勁草生活 527

戀愛無雙的技巧大全

戀愛就該耍心機，一本學會撩動異性的技巧，
擁有情場無往不利的武器！
モテる人の恋愛科学

作者	HIROTO
譯者	Kuri
責任編輯	王韻絜
校對	林佳妤、王韻絜
封面設計	戴佳琪
內頁排版	曾麗香
創辦人	陳銘民
發行所	晨星出版有限公司
	407 台中市西屯區工業 30 路 1 號 1 樓
	TEL：（04）23595820
	FAX：（04）23550581
	http://star.morningstar.com.tw
	行政院新聞局局版台業字第 2500 號
法律顧問	陳思成律師
出版日期	西元 2022 年 11 月 15 日　初版 1 刷
讀者服務專線	TEL：（02）23672044 /（04）23595819#212
讀者傳真專線	FAX：（02）23635741 /（04）23595493
讀者專用信箱	service @morningstar.com.tw
網路書店	http://www.morningstar.com.tw
郵政劃撥	15060393（知己圖書股份有限公司）
印刷	上好印刷股份有限公司

歡迎掃描 QR CODE
填線上回函

定價 350 元
ISBN 978-626-320-258-0

MOTERU HITO NO RENAI KAGAKU
©Hiroto 2021
First published in Japan in 2021 by KADOKAWA CORPORATION, Tokyo.
Complex Chinese translation rights arranged with KADOKAWA CORPORATION,
Tokyo through AMANN CO., LTD., Taipei.
Traditional Chinese translation rights © 2022 by Morning Star Publishing Co., Ltd.